AïM,

la Maîtrise de la vie

Version française révisée du livre

AïM for Life Mastery

du même auteur et publié par AuthorHouse
octobre 2011

Traduction de Alain Chanel
Couverture de Raymond Perras

UN MANUEL POUR CRÉER
LA PERFORMANCE OPTIMALE

AiM, la Maîtrise de la vie

Le titre de ce livre ainsi que la définition de la performance optimale sont des marques de commerce de notre service. Elles ont été utilisées séparément et conjointement par Raymond Perras et Repars inc. depuis 1997 dans la dispensation de plusieurs sessions de coaching et de formation au profit d'une multitude de clients au Canada et aux États-Unis.

Aucune partie de ce livre ne peut être reproduite sans l'autorisation écrite de l'auteur ou de l'un de ses représentants.

AuthorHouse™
1663 Liberty Drive
Bloomington, IN 47403
www.authorhouse.com
Téléphone : 1-800-839-8640

Du même auteur :

AïM for Life Mastery
10 Discussions for Effective Leadership
The 5 Pillars of Leadership in a Peak Performance Environment

Première publication en anglais par AuthorHouse 13/10/2011

Publication en français par AuthorHouse 12/13/2012

ISBN: 978-1-4772-9353-9 (e)
ISBN: 978-1-4772-9354-6 (hc)
ISBN: 978-1-4772-9355-3 (sc)

Nombre de contrôle de la Bibliothèque du Congrès 2012922403

Imprimé aux États-Unis

Ce livre est imprimé sur du papier sans acide.

Dédicace

Ce livre est dédié à mes parents, Alphonse et Yvonne. Bien qu'ils soient décédés il y a de nombreuses années, je leur dois ma détermination et mon focus vers l'excellence. Grâce à leur façon peu commune de me pousser à donner le meilleur de moi-même, j'ai atteint des buts qui paraissaient inaccessibles. Malheureusement, ils ne sont plus là pour célébrer les résultats, fruit de leur amour éternel et de leur soutien à mon égard.

Je voue une éternelle gratitude à ma mère qui, durant la phase terminale de sa lutte contre le cancer, a instillé en moi le désir de prendre soin des autres. C'est elle qui m'apprit à prendre soin de mes jeunes frères et soeurs à l'âge de 11 ans. Cela alluma probablement en moi la petite flamme vacillante qui, au fil des ans, me fit finalement prendre conscience de ma mission : aider les autres à viser vers la performance optimale.

Je dois aussi une fière chandelle à mon frère aîné Georges qui fut mon plus grand supporteur au cours de mes années de collège. Sans son appui moral et financier, je n'aurais pas développé la conviction que tout est possible lorsque l'on ce concentre sur un but particulier. Il me partage encore aujourd'hui des brins de philosophie sans prix en regard de la performance optimale.

Remerciements

L'idée d'écrire ce livre couvait depuis de nombreuses années. Aujourd'hui, ce livre existe en grande partie grâce à mes deux filles, France et Joëlle ainsi qu'à mon fils Serge. Ils m'ont constamment rappelé la façon dont je les avais guidés afin de tirer le meilleur d'eux-mêmes et m'ont convaincu qu'il me serait possible d'aider les autres. C'est grâce à eux que j'ai décidé d'écrire ce livre. En effet, il m'a été très difficile de ne pas les entendre. Le rappel permanent des choses qu'ils avaient apprises et qui les avaient aidés à éviter les pièges de l'existence m'ont incité à développer de nouvelles voies de réflexion. Aujourd'hui, je les remercie pour m'avoir écouté et pour avoir appliqué mes conseils paternels au cours de leur existence d'adultes.

La version française de ce livre fait suite à sa publication en anglais sous le titre *AïM for Life Mastery* en octobre 2011. Pour les lecteurs francophones, nous devons une grande reconnaissance à mon frère, Gabriel Perras, qui a trouvé en ce bouquin l'étincelle d'une entreprise de grande envergure. Pour lui, il fallait à tout prix mettre ces concepts et idées aux services d'une population francophone car des livres de ce genre sont peu communs en français. Grâce à sa persévérance, sa détermination et son support financier, il m'a convaincu de hâter le plan et commander la traduction bien plus tôt que je ne l'avais prévu à l'origine.

Ici, il faut faire mention du travail remarquable du traducteur de marque, Alain Chanel. Il a su traduire le sens de ce livre et en rendre les idées d'une façon qui épouse l'objectif premier, c'est-à-dire, permettre au lecteur ou à la lectrice de comprendre par de simples mots, ce qu'est un processus d'instauration de la Performance Optimale. Nous lui devons une fière chandelle pour nous avoir donné la possibilité de lire un sujet plutôt complexe et d'en retirer des connaissances utiles et valables.

Je voudrais remercier Tom Wentz pour l'importante contribution qu'il a apportée pour m'aider à définir le concept de l'efficacité à moindre effort. En 1999, Tom me fit part de ses concepts et de sa philosophie concernant le passage de la production de masse à la personnalisation généralisée dans un livre intitulé : *Transformational Change*. Tom prétendait que l'harmonisation des buts par tous les membres d'un groupe représentait la clé permettant de créer une intelligence collective, grâce à l'intégration des compétences en présence, associées à des valeurs constantes. Au fil des années, Tom est devenu mon ami, mon confident et nos réflexions ont toujours été sur la même longueur d'onde. Je tire toujours un grand profit de son humour corrosif et de sa vivacité d'esprit permettant de distinguer ceux qui possèdent encore en eux une petite lueur d'espoir et qui doivent encore comprendre que la performance optimale n'est pas le résultat d'un ancien cheminement intellectuel mais la réalisation progressive que chacun d'entre nous possède tous les éléments nécessaires pour réussir. Nous devons simplement penser de façon différente !

Mon cheminement a été long et pénible. Et je ne serais certainement jamais parvenu à destination sans l'aide d'un homme remarquable, grand amateur de football. Larry Ring fut pour une période de temps l'entraîneur-chef de l'équipe de football américain de l'université d'Ottawa. En 1992, lorsque je le rencontrai afin de tester certains de mes concepts et techniques, il m'écouta attentivement. C'était un homme d'esprit ouvert tout à fait désireux d'améliorer le programme. Au cours des quatre années durant lesquelles je collaborai avec lui dans ma recherche de la performance optimale, il me permit de prouver le bien-fondé de mes concepts, à la fois au niveau du coaching et à celui du joueur individuel. Je suis fier d'avoir participé à ses efforts qui ont permis à l'équipe de football américain de l'université d'Ottawa d'obtenir une consécration nationale grâce à sa participation aux phases finales du championnat, de 1995 à 1997. Larry demeure un ami très proche et un partenaire permettant d'offrir un monde meilleur à ceux avec qui nous œuvrons.

Je désire également remercier une autre personne qui m'a permis d'atteindre mon but. Il s'agit de Marcel Bellefeuille. En 1998, il suivit Larry comme coach de l'équipe universitaire de football américain, les GeeGees de l'université d'Ottawa. En association avec lui, nous avons développé un certain nombre de concepts concernant la performance de l'équipe et de joueurs individuels qui, en 2000, se concrétisèrent par le titre national. Nous étions les champions universitaires de football américain du Canada. Cela servit de tremplin à Marcel pour devenir un coach professionnel. Mais le voyage ne faisait que commencer. À partir de cette date, j'ai eu le privilège de collaborer avec Marcel pour les équipes suivantes du football américain canadien : les Roughriders de la Saskatchewan, les Alouettes de Montréal et les Tiger-Cats de Hamilton. J'ai eu ainsi la possibilité d'aider des coachs et des joueurs à affiner leur travail, leur organisation et leur esprit d'équipe en vue de parvenir à la performance optimale.

Sur le plan des affaires, j'ai aussi eu le privilège de partager à plusieurs personnes mes connaissances et mon expertise tant en ma qualité de consultant qu'en celle de coach. Cela me permit de clarifier progressivement le processus de mon programme AïM^{MC}. Il est une personne d'affaires à laquelle je tiens à rendre un hommage particulier, tant en sa qualité de client que de disciple, c'est Bruno Lindia. Je lui dois une profonde gratitude pour avoir cru en moi, pour avoir compris le concept de la performance optimale et, surtout, pour l'avoir appliqué au sein de sa propre compagnie, DMA Canada et l'avoir intégré au sein de ses propres croyances. En appliquant les principes de la performance optimale de façon permanente, Bruno a permis à un certain nombre de personnes d'améliorer leurs performances et celles de leurs entreprises. Bon nombre de ses clients s'adressèrent à moi pour les guider dans la maîtrise de leur vie. Je serai éternellement reconnaissant à Bruno pour cette marque de confiance qui a renforcé ma conviction dans la valeur de mon programme d'entraînement à la performance optimale.

Dans le domaine des sports professionnels, j'ai eu le privilège de travailler avec de nombreux athlètes et la fierté de constater un accroissement de leurs performances grâce à l'application du programme de la performance optimale. L'un de ces athlètes fut Corey Grant, ancien receveur d'une équipe de football américain du Canada. En février 2004, son entraîneur me demanda de travailler avec Corey, afin de lui permettre de retrouver sa confiance. Corey était un vrai professionnel. Il assimilait et appliquait les concepts de façon extrêmement sérieuse et assidue. Il avait perdu confiance en ses capacités au cours d'un match mémorable de l'année précédente. Mais Corey devint un receveur de passes extrêmement fiable et termina sa carrière brillamment. Je lui suis reconnaissant de m'avoir référé un certain nombre de personnes en me recommandant comme l'un des meilleurs coachs dans le domaine de la performance optimale. Corey est non seulement un véritable professionnel mais également un homme remarquable qui a défini le cours de son existence en fonction du processus de la performance optimale. Sa vision des choses le guide vers le succès dans sa profession actuelle.

Je voudrais également remercier Casey Printers, un quart-arrière de football professionnel qui transforma sa vie grâce au programme de la performance optimale. Casey a totalement intégré ces concepts et a basé son existence sur une vision personnelle des choses qui fait de lui bien davantage qu'un simple joueur de football professionnel. Je suis reconnaissant d'avoir eu le privilège de suivre Casey au cours des obstacles et des tribulations de sa carrière et de l'avoir aidé à trouver la voie lui ayant permis de s'épanouir. Au fil de ces années de collaboration, nous avons développé une relation inestimable. Ses idées personnelles ainsi que ses expériences m'ont permis de créer divers moyens permettant d'aider davantage d'autres clients à maîtriser le processus de la performance optimale, tant dans le domaine des affaires que dans celui du sport. J'ai particulièrement apprécié sa franchise lorsque, confronté à un défi, il me faisait part de ses doutes. Cela m'a stimulé afin d'améliorer ma créativité et de trouver de nouveaux moyens de l'aider à considérer les obstacles de la vie de façon différente. Je lui serai toujours reconnaissant de m'avoir obligé à approfondir les détails de la performance optimale afin de l'aider dans son cheminement vers l'excellence.

Trois personnes méritent ma gratitude pour les idées qu'elles m'ont apportées dans la réalisation de la version anglaise du livre. Leur contribution remarquable m'a permis de produire un bouquin qui se veut tout à la fois simple et précis. Par leur entremise, la lecture de ce livre a été rendue beaucoup plus facile à comprendre.

Tout d'abord, André Vermette, l'un de mes confrères d'université, qui est un expert-conseil en communication de haut niveau pour le gouvernement du Canada. Il m'a apporté son expertise en formulant et organisant mes idées en un tout lisible. Ensuite, Bernard D'Acosta, mon beau-frère, qui a édité la version anglaise et largement contribué à parfaire le texte appuyant la traduction au français. Enfin, à Louise, la compagne de ma vie, qui a scruté de son oeil d'aigle, la syntaxe et la ponctuation de ce livre afin qu'il soit aussi simple à lire que possible.

Un mot de remerciement est dû à Wally Kozak, un ami, un mentor, et un modèle de coaching. Je bénis le jour où nous nous sommes croisés la première fois lors d'un camp de formation de jeunes joueurs de hockey. Il semble qu'il avait enseigné le concept de la performance optimale depuis plusieurs décennies. C'est lui qui, à la lecture de la version anglaise, fournit la dernière preuve que les concepts, techniques et idées que j'avais accumulés durant ma carrière professionnelle étaient bien les éléments clés pour faire **la bonne chose, avec le bon dosage, au bon moment**[MC].

Finalement, je remercie tous ceux qui ont travaillé avec moi, tous ceux qui ont consulté les épreuves de ce livre et m'ont fourni des commentaires. Je les remercie de faire partie de ma vie et de m'avoir aidé à élargir ma vision sur un sujet qui me tient particulièrement à coeur. Si les humains appliquaient les concepts de la performance optimale pour la maîtrise de leur vie, une seule fois par jour, le monde finirait par en être transformé. Cela a été prouvé maintes fois par ceux que j'ai entraînés et qui se sont créé une vie meilleure, pour eux-mêmes et leur entourage.

Je vous souhaite une vision claire des choses, au fur et à mesure de votre voyage au sein de ce livre. Je souhaite également que vous assimiliez parfaitement cette méthode permettant d'intégrer la performance optimale dans votre existence : **la bonne chose, avec le bon dosage, au bon moment**[MC].

Table des matières

AÏM, LA MAÎTRISE DE LA VIE^{MC}

Feuille de route vers la Performance Optimale

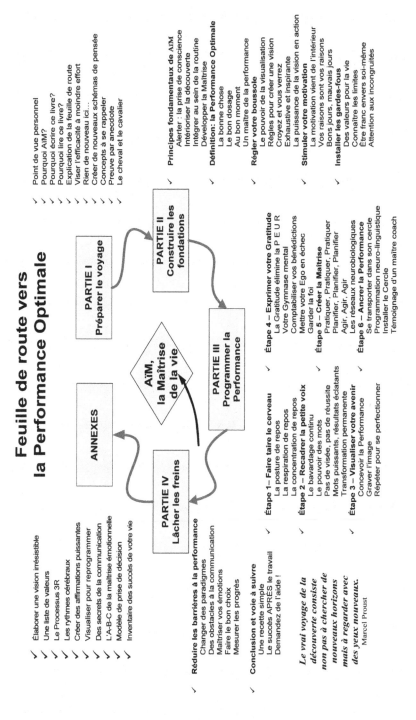

PARTIE I — Préparer le voyage

PARTIE II — Construire les fondations

ANNEXES

AïM, la Maîtrise de la vie

PARTIE III — Programmer la Performance

PARTIE IV — Lâcher les freins

Le vrai voyage de la découverte consiste non pas à chercher de nouveaux horizons mais à regarder avec des yeux nouveaux.

Marcel Proust

Avant-propos

Il était une fois... Un garçon qui habitait Saint-Charles, un petit village située dans le nord de l'Ontario, au Canada, à 40 km à l'est de Sudbury. Troisième enfant d'une famille de huit enfants, il eut la joie de grandir dans une ferme, jouant avec ses frères et ses soeurs, travaillant dans les jardins en été et pelletant la neige en hiver. Il jouait au hockey, en imaginant être la vedette Bernard Boum Boum Geoffrion (fameux joueur de hockey professionnel). Cela fut grâce à son amour pour le sport inculqué par sa mère qui lui avait appris à écouter la retransmission des matchs de l'équipe de hockey des Canadiens de Montréal. Dans ce temps-là, c'était à la radio à batteries car dans les régions rurales, l'électricité ne fut installée qu'en 1950. Vous l'avez compris, je parle de moi-même. Quels lointains souvenirs !

De nombreuses années se sont écoulées au cours desquelles mon expérience et mes connaissances se sont accrues. J'ai acquis une certaine perception des réalités de la vie. Quelle distance parcourue depuis mon existence insouciante d'enfant de ferme, qui appréciait la nature, qui s'amusait en apprenant à aimer les animaux, qui prenait conscience de l'importance de la famille et qui expérimentait les hauts et les bas des actions humaines !

J'ai alterné déceptions et exaltations, fait de nombreuses découvertes et le dur apprentissage de la vie, dépassant parfois mes espérances et, également, je dois l'admettre, échouant dans mes tentatives. J'ai eu le privilège de recevoir une solide éducation de la part de mes parents et de mes instituteurs qui avaient discerné un certain potentiel en moi. Ils m'ont fourni de solides points de référence pour jalonner mon existence. Avec le temps, j'ai fini par prendre conscience du fait, qu'en réalité, nous sommes les maîtres de notre existence.

Certains événements importants ont contribué à l'éveil de ma conscience. Les deux plus important furent, sans conteste, la mort de ma mère alors que j'étais âgé de 11 ans et la rupture de mon mariage après 16 ans d'une vie conjugale heureuse et la naissance de trois beaux enfants. D'autres événements m'ont également marqué comme une faillite financière et certaines difficultés professionnelles. Mais, l'événement qui m'a peut-être le plus éclairé fut ma confrontation avec le cancer à l'âge de 57 ans. Cet événement fut l'élément détonateur qui m'incita à aider les autres à maîtriser leur existence.

Là où tout a commencé

Dans les années 80, je participais à des compétitions de course à pied sur moyennes distances. Dans le cadre de mon entraînement, j'eus la chance de rencontrer un psychologue des sports qui nous expliqua le principe du blocage de la douleur afin de nous aider à rester concentrés au cours d'une course.

Les courses sur longues distances provoquent diverses douleurs. Pouvoir bloquer ses sensations permet à une personne de continuer à courir au même rythme, de maintenir son endurance et une forme physique convenable. J'appris comment la puissance de notre esprit se concentrant sur le centre de la douleur produit un effet similaire à celui d'un médicament antidouleur. Le signal généré par une action mentale volontaire dirigée vers la douleur aide à éliminer la sensation de douleur.

Après m'être retiré du domaine de la compétition, je me suis intéressé à ce sujet et ai commencé à me documenter sur ce principe mental. C'est alors que je découvris le principe de guérison accélérée, un autre processus mental qui libère nos capacités naturelles de guérison.

Au fil des années, j'ai augmenté ma compréhension de la façon dont fonctionne notre cerveau et ai appliqué un certain nombre de techniques : relaxation pour calmer l'hyperactivité du cerveau ; affirmations destinées à reprogrammer les pensées de notre subconscient; visualisations destinées à fixer les nouveaux schémas mentaux; développement d'attitudes positives grâce à la gratitude.

J'ai appliqué ces connaissances pour entraîner plusieurs athlètes à gérer leurs blessures et à revenir à la compétition deux fois plus vite qu'avec les techniques classiques (la guérison accélérée est un processus mental permettant de supprimer les obstacles qui distraient le cerveau de sa fonction essentielle : stress, désir de revenir à la compétition, manque de préparation pour revenir à la compétition, etc.). Au fur et à mesure de votre lecture de ce livre, vous comprendrez comment agissent ces principes.

Au fil des années, après avoir entraîné des athlètes dans un certain nombre de sports différents, j'ai commencé à comprendre l'expression utilisée par les athlètes de haut niveau lorsqu'ils parlent de leurs performances. Ils déclarent, « tout est dans le mental. » Avec le temps, j'ai réalisé que je pourrais aider bien davantage un athlète si je m'occupais de l'entraînement spécifique de la préparation mentale.

Bien entendu, cela impliquait de procéder à une étude approfondie sur le terrain, d'apprendre de nombreuses techniques afin d'obtenir les résultats optimaux au cours des compétitions.

L'histoire de mon cancer

Sans entrer trop dans les détails, je voudrais vous faire part de mon combat contre le cancer dans l'espoir de vous faire partager ma conviction absolue du pouvoir de notre esprit et la raison pour laquelle j'ai écrit ce livre.

Voici comment mes connaissances ont contribué à mon combat contre le cancer. Au printemps 2004, je découvris que j'avais des bosses dans le cou et je compris que cela n'était pas du tout normal. Je demandai à mon docteur de les examiner. Il me référa à un oto-rhino-laryngologiste qui procéda à un scanner. Incapable de déterminer de quoi il s'agissait, il fit procéder à une biopsie, au début septembre. À l'issue de ces divers examens le docteur évoqua la possibilité d'un cancer.

Après avoir vécu la mort de mes parents pour cause de cancer, je décidai que la même chose ne m'arriverait pas. Je commençai à me préparer mentalement pour le verdict. Le 26 septembre 2004, le docteur confirma son diagnostic - cellules cancéreuses à l'arrière de la langue. Le traitement était urgent. C'était un matin où je conduisais pour me rendre pour affaires à Toronto.

Immédiatement après ma visite chez le docteur, je pris la route. Comme je m'étais déjà préparé au pire, je commençai, immédiatement, à créer de nouvelles pensées dans mon esprit, afin de tuer la bête. Avant d'apprendre le résultat, ce matin-là, j'avais choisi les affirmations que j'utiliserais pour me guider dans mon processus de guérison.

Il s'agissait de mots très agressifs : « blocage, rejet. » J'utilisai le mot « blocage » pour ordonner à mon cerveau de bloquer la croissance des cellules cancéreuses. Le mot « rejet » était

---

destiné à guider mon cerveau afin qu'il ordonne à mon corps de se débarrasser des cellules mortes résultant du processus de blocage. J'avais également imaginé dans mon esprit, une sorte de vidéo montrant la destruction du cancer - un rayon laser brûlant les cellules. Je me servis de mon cerveau subconscient en le programmant pour combattre les cellules cancéreuses de façon continue.

Le 1er novembre 2004, je commençai le traitement préconisé par l'oncologiste, traitement à la fois par radiothérapie et par chimiothérapie. Je suivis ce traitement scrupuleusement, quotidiennement, jusqu'au 1er décembre. Ce jour-là, je m'éveillai, le matin, et dus me rendre à l'hôpital à cause d'une défectuosité dans mon système d'alimentation par intubation. Aussitôt arrivé à l'hôpital, je fus immédiatement placé en isolation du fait de mon état fiévreux. Les médecins diagnostiquèrent un cas de C-difficile. En effet, mon système immunitaire ne fonctionnait plus. Je restai en isolation pendant 13 jours durant lesquels mon infection fut traitée. Inutile de préciser que, durant cette période, mon traitement anti-cancer fut interrompu. À cette époque, environ 60 % de mon traitement m'avaient été administré.

Durant mon isolation, vous imaginez aisément que j'eus largement le temps de réfléchir. Je constatai que les bosses dans mon cou avaient disparu. Mais aussi, le lobe de mes oreilles se calcinait, et mon cou ressemblait à une tartine trop grillée sortant du grille-pain. Après de nombreuses heures de réflexion, je fus convaincu que je pouvais me débarrasser de mon cancer par moi-même et éviter une issue fatale.

Au 10e jour de mon isolation, après une longue discussion avec l'oncologiste, il fut d'accord que mes divers traitements étaient terminés. Il me proposa de suspendre les sessions de radiothérapie après que je lui eus expliqué comment l'efficacité de chacun des traitements qu'il m'avait prescrits avait été grandement augmentée par les visualisations que j'effectuais chaque fois que j'étais placé dans la machine. Je lui expliquai comment, lors de chacune des séances de 20 minutes, je visualisais des étincelles jaillissant de mon cerveau, tel un rayon laser, pour frapper l'endroit précis où ma tumeur était située.

Je quittai l'hôpital le 13 décembre, rempli de joie et d'exaltation, avec la ferme intention de ne plus y retourner.

Un mois plus tard, je recommençais à me nourrir normalement et deux mois après la fin prématurée de mon traitement, j'avais repris mon activité professionnelle à temps plein. Durant cette épreuve, j'avais perdu une quinzaine de kilos et le traitement m'avait gravement affecté physiquement, mais ma volonté de vaincre le cancer ne faiblit jamais. Depuis janvier 2005, divers tests et examens (scanner, IRM, PET scan...) ont confirmé l'absence totale de cellules cancéreuses dans mon organisme.

Je suis fermement convaincu que le programme et les techniques que je vais partager avec vous dans ce livre furent les éléments clés de ma victoire sur cette maladie mortelle, le cancer. Pour terminer, j'ajoute que je suis persuadé qu'aucune forme de cancer ne me frappera plus. J'ai programmé mon cerveau pour qu'il rejette tout ce qui pourrait ressembler à une cellule cancéreuse.

La Force Motrice.

Fort de mon expérience personnelle prouvant la puissance de l'esprit, je décidai de relever le défi. Je pris la décision de démontrer que les leçons apprises au cours de ma vie pouvaient être formulées de façon simple et assimilées facilement. Je vais vous présenter un processus destiné à rendre votre vie productive en fournissant un effort minimum.

Vous ressentirez alors l'intense satisfaction d'atteindre les buts que vous vous êtes fixés avec beaucoup moins de stress.

J'ai écrit ce livre afin de vous aider à comprendre et intégrer comment vous pouvez injecter une forte dose de performance optimale dans votre vie !

Notre existence est en fait un ensemble de processus se déroulant continuellement. « Tout est géré par un processus. » Il s'agit d'un concept que m'ont enseigné les Suédois. Je pense qu'ils ont véritablement compris la quintessence de ce qui est important pour mener une existence valorisante et bien remplie. En apprenant à gérer vos processus, je crois que vous pourrez décider plus facilement comment produire des résultats au-delà de vos attentes.

Je vous invite donc à faire un voyage au sein d'un processus qui transformera votre vie. Asseyez-vous confortablement et partageons, ensemble, des secrets qui vous permettront de transformer votre approche à la vie en celle d'un.e adepte de la performance optimale.

PARTIE I – Préparer le voyage

GARDER LE CAP...

PARTIE I   Préparer le voyage

- ✓   Point de vue personnel
- ✓   Pourquoi AïM?
- ✓   Pourquoi écrire ce livre?
- ✓   Pourquoi lire ce livre?
- ✓   Explication de la feuille de route
- ✓   Viser l'efficacité à moindre effort
- ✓   Rien de nouveau ici...
- ✓   Créer de nouveaux schémas de pensée
- ✓   Concepts à se rappeler pour améliorer ses performances
- ✓   Preuve par anecdote
- ✓   Le cheval et le cavalier

PARTIE II   Construire les fondations

PARTIE III   Programmer la Performance

PARTIE IV   Lâcher les freins

ANNEXES

Introduction

Il arrive un moment dans la vie où nous réalisons que les connaissances acquises doivent être partagées. C'est ce qui m'est arrivé. Vous vous demandez peut-être pour quelle raison je vous déclare ceci. C'est très simple... J'ai constaté, au fil du temps, que les personnes que j'entraînais obtenaient des résultats dépassant mes espérances et les leurs aussi. En conséquence, j'ai fini par conclure que de nombreuses autres personnes pouvaient obtenir également les mêmes résultats. Après tout, ne cherchons-nous pas tous à obtenir des meilleurs résultats?

> *Les meilleures performances sont, en grande partie, liées à une réaction automatique.*
>
> *Pour mieux comprendre, pensons à la respiration, à la circulation sanguine, à la digestion qui sont autant de réactions automatiques à un système de contrôle central appelé le cerveau autonome. Il s'agit d'une machine merveilleuse, toujours en action, qui permet à nos fonctions métaboliques de nous garder en santé. Et toutes ces activités se produisent sans aucune intervention consciente et volontaire de notre part. Tous ces processus sont automatiques.*
>
> *N'est-ce pas remarquable? Y avez-vous déjà pensé?*

Que vous soyez impliqué dans le domaine des arts, des affaires ou simplement dans le cadre de votre vie personnelle, vous devez obtenir des résultats chaque jour de votre vie. Que diriez-vous de connaître une recette toute simple qui vous aiderait à améliorer vos résultats tout en diminuant votre stress? Découvrons ensemble comment vous pouvez améliorer vos résultats en utilisant plus efficacement certains des talents qui vous ont été donnés.

Point de vue personnel.

Aujourd'hui, j'ai passé le cap des 60 ans et j'ai rencontré des tas de gens d'origines différentes. Surtout, j'ai rencontré, dans le domaine des affaires et dans celui du sport, un grand nombre de personnes qui, bien qu'ayant réussi leurs carrières respectives, n'ont pas exploité pleinement leurs potentialités et n'ont pas atteint les résultats escomptés pour avoir mené ce qu'on pourrait appeler une existence « **automatique.** » En effet, il est une réalité indéniable : nous accomplissons nos activités quotidiennes de façon routinière, sans être vraiment présents c'est-à-dire sans être véritablement conscients du contexte dans lequel nous évoluons, des diverses dynamiques qui nous entourent, des gens, des tendances humaines, des différences culturelles, des croyances innées ou des enjeux qui nous attendent. Je préfère m'arrêter là.

Le fait est que de nombreux facteurs entrent en jeu dans la plupart des circonstances de la vie. Si nous ne sommes pas conscients lors de ces circonstances, combien de ces facteurs vont-ils nous échapper lorsque nous serons confrontés à diverses situations ? Il est facile de comprendre la raison pour laquelle les gens agissent de façon **automatique**, la plupart du temps. Mais, ne vous méprenez pas. La plupart des gens réussissent très bien, malgré leurs comportements automatiques parce qu'ils ont perfectionné leurs « automatismes »!

Toutefois, je veux ajouter que, dans certaines circonstances, et selon nos expériences personnelles, nos efforts ne nous permettent pas d'atteindre notre potentiel complet PARCE QUE nous agissons de façon **automatique.** Après tout, tout change constamment. Nous n'affronterons pas, nécessairement, un problème à venir, comme nous l'avons affronté la fois précédente. Et c'est ainsi que ces petits résultats supplémentaires peuvent nous échapper, alors qu'ils auraient créé une grande différence à la longue.

Pourquoi AïM?*

* cet ouvrage est traduit de l'anglais. En anglais, le mot « aim » signifie but, objet... Le verbe « to aim » signifie « viser, cibler... »

> « À longue échéance, les hommes n'obtiennent que ce qu'ils ciblent. Donc,... Ils auraient tout intérêt à cibler quelque chose d'élevé. »
> - **Henry David Thoreau**: écrivain, poète, naturaliste et philosophe.

J'ai choisi le titre « AïM, la Maîtrise de la Vie » afin d'illustrer le fait que, dans la vie, peu de cibles sont atteintes sans une visée précise. Et, en ce qui concerne la maîtrise de la vie, c'est exactement la même chose. Nous pouvons choisir de figurer dans la moyenne, d'être semblable à n'importe quelle autre personne, de mener une vie normale avec ses hauts et ses bas, ses succès et ses échecs. Nous pouvons accepter que l'on nous affuble la mention, « passable », même en sachant que nous aurions pu mieux faire. La vie peut, à certains moments être monotone et, parfois, source de désillusions si nous nous contentons de la mention « passable » sans chercher à faire de notre mieux. Le monde est rempli de personnes mécontentes qui ont accepté de se voir accoler l'étiquette « passable. »

Je prétends que si vous recherchez le bonheur, vous devez apprendre à avoir le mécontentement positif et à chercher à vous améliorer sans cesse, et ce, de toutes vos forces. Interrogez n'importe quelle personne accomplissant une performance de qualité. Elle vous dira qu'elle est heureuse lorsqu'elle s'est donnée à fond, quel que soit le résultat. Voyez-vous, ce n'est pas la destination qui importe mais la façon dont nous parcourons la route qui nous mène au résultat escompté. C'est ce qui procure le bonheur.

C'est pourquoi je tiens à vous alerter sur le fait qu'il est indispensable que vous ayez une cible à viser si vous voulez atteindre les résultats souhaités. Le monde n'est pas parfait. Chacun d'entre nous est confronté à l'échec. Mais, si vous visez bien, vous toucherez votre cible plus souvent et c'est cela qui provoque l'auto satisfaction = bonheur.

L'autre partie du titre fait allusion aux résultats obtenus par l'entraînement. Par la répétition, nous nous améliorons et, avec le temps, nous parvenons à la maîtrise. N'est-ce pas le cas pour tout ce que nous réalisons ? La maîtrise est plus enrichissante que le contrôle. Le contrôle implique un effort permanent pour gérer, pour garder le cap, pour éviter les cahots de la route. Le contrôle est coercitif, obsédant et contraignant.

Tout au contraire, la maîtrise constitue un automatisme. Savoir exactement ce qu'il faut faire, de façon décontractée, égale, dynamique et de façon totalement délibérée rend, incontestablement, la vie plus agréable! Comprenez bien que le contrôle finit par nous fatiguer et nous affaiblir alors que la maîtrise nous rend énergiques et nous procure une force que nous ne soupçonnions pas en nous. Regardez bien ceux qui accomplissent des performances incroyables comme s'il s'agissait d'actes ordinaires. La maîtrise vous apporte quelque chose de plus que l'on pourrait appeler, «La Force. »

Donc, lorsque vous lirez les prochains chapitres, souvenez-vous de la signification sous-jacente du titre, le bonheur par une action concentrée et répétée.

Le titre que j'ai choisi vous rappellera, à chaque page, la raison pour laquelle vous lisez ce livre. La maîtrise est la **force** qui peut vous propulser à de nouveaux seuils de performance et, c'est pourquoi je vous dis.... Que la **force** soit avec vous !

Pourquoi écrire ce livre?

Au fil des années, je suis parvenu à une conclusion simple : la performance optimale n'est pas aussi facile à accomplir qu'il y paraît. Il faut vraiment y penser si on veut y arriver.

> « La découverte consiste à voir ce que tout le monde a vu et à penser à ce que personne d'autre n'a pensé. »
> — **Jonathan Swift**

Nous le savons, nous pouvons être animés des meilleures intentions du monde et souhaiter faire notre possible mais, souvent, des circonstances imprévues font que les résultats obtenus sont inférieurs à ceux espérés.

Permettez-moi de vous expliquer.

Dans le cadre de ma profession de coach, j'ai eu le privilège de travailler avec des personnes très différentes : des étudiants, des professionnels, des gens ordinaires, des couples, des athlètes, des entraîneurs sportifs, des cadres d'entreprise, des techniciens, etc.

Il est étonnant de constater combien toutes ces personnes sont capables de gérer leurs situations respectives. Ces personnes connaissent leur affaire et sont capables de produire de merveilleux résultats. Leur aptitude la plus remarquable c'est leur **lucidité**. En effet, elles possèdent une étonnante capacité de connaître parfaitement les limites de leurs compétences, de leurs talents et de leurs connaissances, dans le cadre des défis qu'elles doivent relever. Ces personnes obtiennent d'excellents résultats dans n'importe lesquelles circonstances.

Par contre, en mes qualités de coach, de mentor et de père de famille, j'ai appris, au fil des années, à observer et à comprendre pourquoi d'autres gens n'atteignent pas les buts qu'ils se sont fixés.

J'ai réalisé que, sans l'ombre d'un doute, l'essence même de la performance réside en chaque être humain. Il ne s'agit pas du produit de facteurs extérieurs, bien que ces derniers aient une influence si une personne permet à ces facteurs de l'affecter. La performance optimale est plutôt le résultat de l'utilisation efficace de nos habiletés innées, nos connaissances, nos talents et nos expériences de vie.

Mon étude est donc axée sur le fait de vous permettre de développer des compétences, des capacités destinées à gérer efficacement ces facteurs extérieurs afin d'en minimiser l'incidence sur vos performances.

Il y a plus de 30 ans, j'ai commencé à me documenter au sujet des barrières mentales et du développement personnel. Chaque information fut stockée dans ma mémoire et testée dans ma vie quotidienne - famille, activités sociales, communautaires, professionnelles et même financières!

Plus je pris conscience de ces barrières, plus j'éprouvai le désir d'aider les autres à découvrir leur propre capacité à atteindre la performance optimale.

Hélas, avoir une prise de conscience (révélation) et essayer d'aider quelqu'un d'autre à en faire usage, sont deux choses totalement différentes.

AïM, la Maîtrise de la vie

Au cours de ma carrière d'ingénieur, j'ai eu la chance d'avoir la lucidité nécessaire à identifier les barrières mentales qui auraient pu torpiller nos efforts. C'était très utile pour projeter une perspective nouvelle dans les projets dans lesquels j'étais impliqué. Il en fut de même, plus tard, en ma qualité de manager, pour guider mes équipes selon les mêmes principes directeurs.

Je vous donne un exemple. Une de mes missions, en qualité de responsable d'une équipe de 10 ingénieurs, dans les années 1980, me permit d'appliquer certains principes directeurs concernant la performance. J'encourageai mon équipe à se concentrer sur leur secteur d'influence individuel. Nous sommes ainsi parvenus à augmenter de 50 % notre productivité, dans le temps qui nous était imparti.

Je pus constater le résultat obtenu par toutes ces personnes lorsque certaines barrières furent enlevées, et qu'elles purent aligner leurs talents et habiletés vers un but commun – l'enlèvement de ces barrières permit la communication, le travail d'équipe, le travail de valeur-ajoutée, l'usage efficace des ressources, l'élimination des doublons, la rétroaction pour célébrer les succès et rectifier les écarts au plan.

Avec une conviction renforcée par les résultats probants du travail d'équipe que je prônais, je fus de plus en plus décidé à montrer aux autres comment appliquer quelques éléments clés de l'auto-direction dans le domaine du comportement personnel, éléments qui tendent à produire de meilleurs résultats. Depuis 1990, j'ai recherché toutes les occasions de partager le fruit de mes recherches et leurs applications pratiques, afin d'aider les gens à accroître leur prise de conscience, leur lucidité et leurs compétences dans le but de créer la performance optimale dans leur routine quotidienne.

J'y suis parvenu grâce à mon travail comme coach dans le domaine des affaires, avec des employés de tous niveaux, jusqu'au sommet de la hiérarchie organisationnelle et dans celui des athlètes sportifs de tous niveaux, des ligues mineures aux ligues professionnelles.

Mes années de coaching personnel fournies à toutes sortes de professions, à des personnes de tous âges, de toutes situations sociales…, m'ont permis de comprendre que je devais partager ces mêmes techniques avec plus de gens. Et, pour cela, quel meilleur moyen que d'écrire un guide simple sur des techniques éprouvées qui amélioreront considérablement votre vie?

Pourquoi lire ce livre?

Maintenant que j'ai piqué votre curiosité, permettez-moi de vous expliquer comment ce livre vous fournira une liste d'étapes permettant de créer la performance optimale dans votre vie quotidienne. Vous y découvrirez les exercices essentiels au développement de nouvelles habitudes mentales. Autant que possible, ce livre vous fournira des indications vous permettant de comprendre le processus en action, indépendamment des circonstances de votre vie.

Je ne prétends pas être médecin ou psychologue. C'est pourquoi, mes explications seront toujours simples. Lorsque nécessaire, je vous donnerai des exemples et des références qui vous éclaireront sur les concepts et les idées que je développe. Ce livre vous sera extrêmement utile si vous souhaitez progresser aussi rapidement que possible.

Je me suis fondé sur de nombreux cas rencontrés au cours de ma carrière de coach pour vous faire partager ma meilleure compréhension des principes qui vous aideront à créer une nouvelle prise de conscience. De nombreuses personnes érudites ont écrit sur ce sujet et ont avancé diverses explications tentant d'expliquer pourquoi ce « processus » fonctionne. Je vous fournirai les références d'un certain nombre d'auteurs qui ont produit une littérature abondante sur ce sujet. Ce livre n'est pas destiné à vous décrire ces découvertes mais à vous référer à elles lorsque cela sera nécessaire.

Explication de la feuille de route

Vous avez pu voir l'itinéraire menant à la performance optimale au début de ce livre, et ce, afin de vous permettre de suivre plus facilement le déroulement du processus. Les paragraphes suivants esquissent les différentes phases du processus que vous devrez suivre si vous voulez parvenir à atteindre la performance optimale de façon systématique.

Cependant, si vous le souhaitez, vous pouvez chercher ici et là dans le livre, et lire ce qui attire plus particulièrement votre attention. Dans tous les cas, la feuille de route, l'itinéraire, sera toujours présent pour vous aider à faire le point au cours de votre voyage vers la performance optimale.

Du fait que je ne serai pas à vos côtés pour répondre à vos questions ou pour vous guider au cours de l'intégration du sujet, l'itinéraire vous aidera à mettre tous ces concepts en perspective et vous fournira une suite de séquences logiques dans votre parcours vers la performance optimale.

Visite guidée du contenu de ce livre

PARTIE I – Préparer le voyage

Vous avez pu lire la genèse de ce livre et, je l'espère, avez mieux compris la façon dont je conçois la notion de performance optimale. Vous avez, probablement, une idée précise de la raison pour laquelle j'ai écrit ce livre : partager mes connaissances sur ce sujet avec ceux qui cherchent à s'améliorer, qui cherchent à atteindre de meilleurs résultats tout en économisant leurs efforts et qui souhaitent créer un monde heureux pour eux-mêmes et leur entourage.

Si vous vous posez encore certaines questions au sujet de moi-même ou de mes motivations, je vous invite à vous reporter à mon introduction. Comprendre la raison de cette mission (POURQUOI?) améliorera votre compréhension.

Après tout, vous et moi sommes différents et vos idées sont aussi valables que les miennes. Cependant, pour profiter au maximum de la méthode et du processus que je développe dans cet ouvrage, vous devrez faire preuve d'une certaine ouverture d'esprit et voir les choses selon l'optique qui est la mienne au sujet de la performance optimale et de l'itinéraire suivi pour atteindre ce nouvel état d'esprit.

Parfois, vos convictions seront ébranlées. En effet, le contenu de ce livre n'a rien de banal même s'il a trait à votre existence quotidienne. Vous ne devrez jamais oublier que tout progrès dans votre développement personnel exigera que vous abandonniez certaines idées que vous preniez pour acquises. Aussi, abandonner certains comportements passés et en adopter de nouveaux qui s'intégreront parfaitement à votre nouvelle prise de conscience. J'espère que vous vous laisserez toucher par cette nouvelle vision des choses exposée dans ce livre.

PARTIE II – Construire les fondations

La performance optimale constitue un voyage en évolution qui devrait être partie intégrante de chaque jour de votre vie.

Lorsque j'étais plus jeune, j'ignorais encore que la force et la précision sont le résultat d'une connaissance approfondie de la tâche à accomplir. Je me souviens de l'époque où j'utilisai une tronçonneuse pour la première fois. Jusqu'alors, j'utilisais une scie à refendre pour couper le bois. Avec ma tronçonneuse, j'étais tout excité de pouvoir, désormais, disposer d'un outil qui allait me simplifier la tâche.

Je découvris rapidement qu'il m'était nécessaire d'apprendre et de comprendre la façon d'utiliser cet outil avant de pouvoir réussir à couper du bois. Au début, ignorant comment me servir de cet outil, la lame de la scie se bloqua dans une bûche et rebondit, m'infligeant une profonde coupure sur le dessus de la main gauche. Ma mémoire conservera toujours le souvenir de ces 10 points de suture et de la frousse qui me saisit ce jour-là. Ce fut une leçon fracassante qui m'aida à comprendre qu'il fallait absolument bâtir une fondation pour créer la performance optimale!

L'exemple ci-dessus montre simplement qu'avant de vous lancer sur la voie de la performance optimale, vous devez consacrer du temps à une préparation minutieuse et vous doter d'un plan susceptible de résister aux événements imprévus qui vont sûrement survenir le long de votre chemin.

Les cinq parties de ce chapitre détaillent les fondations nécessaires que vous devrez établir afin de vous assurer que votre cheminement vers la performance optimale est ancré dans une base solide.

Une bonne compréhension du concept **AïM,** un cap bien défini, la réalisation claire des éléments de votre motivation et l'assurance que vous disposez des ressources nécessaires pour rester concentré sur la route du succès, sont autant d'éléments essentiels dans l'élaboration de la recette de la performance optimale !

Ce qui suit représente les éléments clés qui vous permettront de construire des fondations à toute épreuve.

Les principes fondamentaux de AïM : explication de ce sigle qui symbolise les quatre phases de l'approche de la performance optimale.

Définition de la performance optimale : explication de cette expression, telle qu'elle est utilisée dans ce livre, et définition du cadre du processus qui vous guidera sur la voie de la performance optimale.

Orienter votre boussole : pour qu'un voyage soit réussi, il est nécessaire d'en définir clairement la destination. Dans le cas de la performance optimale, comme dans toute entreprise, une description claire et stimulante de l'avenir vous aidera grandement à vous maintenir sur la voie qui mène au but que vous vous êtes fixé.

Stimuler votre motivation : il est non seulement nécessaire d'avoir une vue claire du futur auquel on souhaite parvenir, il faut également comprendre et intégrer la raison pour laquelle l'on souhaite atteindre cette destination. La motivation représente le carburant qui alimentera votre moteur même dans les périodes difficiles (c'est-à-dire les écarts inattendus que les aléas de la vie provoqueront par rapport au but que vous vous êtes fixé.)

Installer des gardes-fous : toute route traversant un terrain dangereux possède des gardes-fous. Il doit en être de même pour la voie qui vous mènera à la performance optimale. Ces gardes-fous vous aideront à rester sur la bonne voie lorsque les obstacles inévitables de l'existence surgiront. En effet, lorsque tout va bien, les choses sont simples mais, lorsque vous rencontrerez des difficultés au cours de votre vie, vous aurez besoin d'avoir recours à certaines valeurs de référence très fortes qui vous permettront de continuer votre chemin.

PARTIE III – Programmer la performance
- Le gymnase mental

Comme dans tout projet, une fois les fondations établies, vous devez déclencher une série d'activités destinées à renforcer votre capacité d'achever le produit final. Basé sur le concept selon lequel « l'entraînement mène à la perfection », les six parties de ce chapitre vous présentent les six étapes de votre entraînement mental qui vous permettront d'atteindre la Maîtrise de la performance optimale.

Considérez ces exercices comme étant d'une extrême importance pour atteindre le but que vous vous êtes fixé. Qu'il s'agisse de l'apprentissage de la bicyclette, du golf, d'un instrument de musique ou de votre profession, il vous faut pratiquer pour atteindre votre meilleure performance.

Voici les six étapes qui vous permettront de devenir un adepte de la performance optimale :

Étape 1:
Faire taire le cerveau. Afin de vous préparer pour une programmation mentale efficace, vous devez, avant toute chose, apprendre à votre cerveau d'arrêter de tourbillonner, dès que vous lui en donnerez l'ordre. Grâce à l'utilisation du lien corps-esprit, vous pouvez apprendre à votre cerveau à ralentir lorsque vous êtes physiquement immobile. En faisant cela, vous enverrez un message automatique à votre cerveau lui ordonnant de ralentir son activité. Cet état mental est indispensable pour obtenir une concentration optimale. Pour y arriver, l'une des meilleures méthodes consiste à contrôler votre respiration, ce qui vous calmera physiquement et vous procurera divers bienfaits, aussi bien physiques et **émotionnels** que mentaux.

Étape 2:
Recadrer la petite voix. Une fois votre cerveau apaisé, vous pouvez lui fournir de nouveaux schémas de pensée par la répétition de certaines phrases, ce qui permet de diriger votre petite voix intérieure. Il s'agit d'une technique permettant de semer de bonnes graines dans votre cerveau subconscient afin qu'il produise des pensées positives et cesse d'émettre des pensées négatives qui, généralement, obscurcissent votre réflexion et vous empêchent même de penser de façon raisonnable.

Étape 3 :
Visualiser votre avenir. Il ne suffit pas de se parler à soi-même. Pour atteindre le résultat recherché, vous devez toujours le voir en pensée avant qu'il ne se produise réellement. C'est ainsi que fonctionne notre cerveau. Si vous ne parvenez pas à visualiser le résultat voulu, vous serez incapable de le produire ! Visualiser le résultat futur vous permet de créer les conditions mentales et émotionnelles nécessaires pour obtenir la performance optimale.

Étape 4 :
Exprimer votre gratitude. Vous pouvez programmer votre subconscient afin qu'il vous permette d'accomplir tout ce que vous souhaitez. Cependant, vous pouvez grandement améliorer cette pratique mentale si vous trouvez un moyen d'écarter de votre subconscient les soucis et les peurs du futur qui sont autant d'obstacles à ce que vous désirez. Il s'agit d'un principe psychologique vous permettant de vous concentrer correctement en période de stress.

Cultivez l'habitude d'exprimer votre reconnaissance, votre appréciation pour les choses qui vous apportent joies, satisfactions et sentiments de reconnaissance. Le principe de la répétition s'applique également ici. Au fil du temps, la reconnaissance et l'appréciation élimineront les pensées négatives et vous permettront d'éliminer les soucis et les peurs susceptibles de vous paralyser.

Étape 5 :
Créer la Maîtrise. Cette section récapitule les éléments constituant la clé du succès dans votre recherche de la performance optimale. Elle intègre ces éléments en un tout homogène.

Pour parvenir à la maîtrise, point de mystère. Vous devez vous PRATIQUER. Et pour rendre vos séances d'entraînement aussi efficaces que possible, vous devrez développer une routine, c'est-à-dire, une période de temps quotidienne, toujours à la même heure, deux fois par jour. Le point essentiel consiste à pratiquer de courtes périodes d'entraînement très concentrées.

Intégrez l'ensemble du programme dans un état élevé de conscience au sein duquel vous vivrez la situation désirée dans votre esprit, votre coeur et votre âme.

Étape 6 :
Ancrer la performance. Cette section vous apporte une méthode vous permettant de vous insérer dans l'état de performance optimale à volonté chaque fois qu'une situation le demande. Le concept est validé par le témoignage d'un expert.

PARTIE IV – Lâcher les freins

Les sections suivantes énumèrent certaines barrières susceptibles de créer des obstacles majeurs vous empêchant d'atteindre la performance optimale.

Le fait d'abattre ces barrières peut grandement réduire vos efforts et optimiser vos résultats. En résumé, vous serez beaucoup plus efficace sur votre chemin vers l'excellence. Vous serez en mesure de relâcher les freins et de créer de nouveaux seuils de réussite.

Les changements de paradigmes

Un survol de sept changements de paradigmes (modifications de façon de penser) qui amélioreront votre efficacité dans votre cheminement vers la performance optimale. Modifier votre façon de penser peut faire la différence entre une vie remplie de nouvelles découvertes et une vie aux horizons limités.

Des obstacles à la communication

Un certain nombre d'obstacles à l'efficacité de la communication sont passés en revue afin de vous faire prendre conscience du fait qu'en appliquant une certaine discipline, vous pouvez réduire leur impact négatif sur vos efforts visant à obtenir la performance optimale.

La maîtrise de vos émotions

Une recette simple destinée à réprimer la tendance mentale consistant à considérer les événements comme plus importants qu'ils ne sont en réalité. Cette tendance provoque un fort sentiment de contrariété qui nuit à la création de la performance optimale ! Une technique mentale simple est suggérée afin de rectifier ce que nous avons tendance à exagérer.

Faire le bon choix

Un court inventaire de certains facteurs à considérer lorsque l'on s'efforce d'atteindre la performance optimale. L'un des plus importants obstacles pour parvenir à la performance optimale est le manque d'esprit de décision.

Mesurer les progrès
Quelques mots concernant l'importance de l'analyse de sa progression afin de créer motivation et dynamisme au cours de votre voyage en direction de la performance optimale. Ce qui est mesuré et enregistré est fait et répété.

Conclusion et voie à suivre

C'est un résumé des divers processus permettant de créer la performance optimale à volonté dans votre vie. C'est également un rappel des actions essentielles qui vous permettront d'atteindre la performance optimale - un effort soutenu et constant destiné à appliquer les principes de la performance optimale d'une façon uniforme, cohérente et répétée. C'est l'élément essentiel à toujours garder présent à l'esprit lorsque vous vous dirigez fermement en direction de la performance optimale dans votre vie.

Lorsque vous aurez appris à simplifier la relation de cause à effet existant entre concentration et sensations, vous posséderez la maîtrise de votre propre destin ! Vous vous rapprocherez de la performance optimale en accomplissant **la bonne chose, avec le bon dosage, au bon moment**[MC].

ANNEXES

Une liste complémentaire de références utiles.

Des faits à se rappeler

Maintenant que vous avez appris à naviguer au sein des différentes parties de ce livre, permettez-moi de couvrir quelques concepts supplémentaires qui vous permettront de comprendre la perspective selon laquelle ce livre a été conçu. Ces concepts faciliteront votre lecture en apportant une clarté supplémentaire au texte.

Viser l'efficacité à moindre effort

J'ai écrit ce livre dans le but précis de vous aider à parvenir à l'efficacité à moindre effort, c'est-à-dire à la performance optimale. Au fil des années, j'ai eu l'occasion d'observer un nombre incalculable de personnes accomplissant des efforts extraordinaires pour parvenir à leurs buts. Malheureusement, les résultats n'étaient pas toujours à la hauteur de leur attente. De ce fait, ces personnes se trouvaient stressées en permanence.

> **« Efficacité à moindre effort »**
> *Cette expression décrit le genre d'effort qui mène à l'efficacité résultant de la performance optimale.*
> *Cette expression ne signifie pas « aucun effort » mais plutôt, effort « moindre », lorsque les principes de la performance optimale sont appliqués.*
>
> *Mille merci à mon ami Bruno pour avoir suggéré cette clarification!*

En réalité, très souvent, nos efforts ne nous permettent pas d'obtenir les résultats attendus parce que nous ne prêtons pas attention aux facultés innées que nous possédons ou encore que nous n'utilisons pas ces facultés de façon efficace, au moment opportun (… **la bonne chose, avec le bon dosage,**

au bon moment^{MC}.) J'ai donc développé quelques idées qui vous aideront à augmenter l'impact de vos efforts tout en réduisant votre stress. Je veux vous présenter une méthode qui vous permettra d'intégrer la **performance par l'effort minimum** au sein de votre vie quotidienne.

Rien de nouveau ici …

Je voudrais attirer votre attention sur le fait que rien de ce que vous trouverez ici n'est nouveau. Au début de votre lecture, tout cela peut vous sembler nouveau mais vous découvrirez que si nouveauté il y a, c'est uniquement dans la façon dont les idées et concepts sont organisés et présentés afin de vous aider à tracer votre voie vers la performance optimale. Il s'agit d'une approche structurée et systématique destinée à vous aider à utiliser vos connaissances, vos dons et compétences afin de produire les meilleurs résultats possibles.

Tout en lisant ce livre, souvenez-vous de ce que disait Socrate sur la connaissance de soi : « apprendre, c'est se souvenir de ce que l'on sait déjà. »

> *Apprendre, c'est se souvenir de ce que l'on sait déjà.*
> *- **Socrate***

Au cours de cette lecture, n'oubliez pas que, même si vous estimez ne pas posséder ces connaissances et ces compétences, il n'en reste pas moins que vous êtes une personne bénéficiant de toutes les expériences de la vie nécessaires auxquelles le processus de la performance optimale fait référence. Simplement, il est probable que vous n'êtes pas conscient du moment et de la façon dont elles se sont produites dans le passé.

C'est pourquoi, ne soyez pas surpris de penser, à certains moments, que ce que vous lisez n'a rien de nouveau. Dans ces moments-là, il s'agira du souvenir d'une expérience passée ou d'une leçon que la vie vous aura enseignée. Je souhaite qu'à partir de maintenant vous décidiez de stocker ces souvenirs afin que vous puissiez vous les rappeler d'une façon constructive, au moment opportun, afin de les utiliser pour parvenir au résultat que vous cherchez à obtenir.

Si vous vous efforcez d'agir ainsi au cours de votre lecture, vous aurez, d'ores et déjà, accompli un grand progrès par rapport au moment où vous avez ouvert ce livre. Vous provoquerez un changement dans votre façon de penser qui vous rapprochera de la maîtrise de la performance optimale.

Au fil de votre lecture, vous découvrirez des faits et des idées relatifs au pouvoir de votre subconscient. Soyez très attentif. Je suis certain que vous admettrez leur bien-fondé lorsque vous prendrez le temps de réfléchir à vos propres expériences. Soyez particulièrement attentif à la programmation mentale (la création de nouveaux schémas de pensée) qui représente l'une des conditions préalables fondamentales de la performance optimale.

Créer de nouveaux schémas de pensée

Que cela nous plaise ou non, nous créons sans cesse de nouveaux schémas de pensée (programmes mentaux). Nous sommes également programmés et reprogrammés par les événements et les personnes qui nous entourent.

Par exemple, imaginez ce qui se passerait si vous étiez incapable de créer de nouveaux schémas de pensée (de nouvelles programmations). Comment seriez-vous capables de vous lever le matin et de vous préparer pour la journée ? Comment pourriez-vous vous souvenir de ce que vous devez accomplir la semaine prochaine ? Comment connaîtriez-vous la façon de vous nourrir sainement ? Que feriez-vous à l'apparition d'un feu rouge ? Comment pourriez-vous faire de la bicyclette sans vous blesser ? Comment pourriez-vous vous souvenir de la route qui mène à votre lieu de prédilection ? La liste est infinie. C'est ainsi que fonctionne notre esprit.

La plupart des tâches que nous accomplissons ont été programmées dans notre cerveau par la répétition d'actions qui ont créé un schéma mental, un programme, qui nous permet de fonctionner efficacement et de gérer les événements quotidiens auxquels nous sommes confrontés. Et, lorsque nous nous heurtons à quelque chose de nouveau, nous utilisons nos schémas de pensée qui nous permettent d'évaluer, d'apprécier la situation puis de définir la façon de l'affronter.

Nous créons continuellement de nouveaux schémas de pensée. Il s'agit là d'une extraordinaire capacité de notre cerveau nous permettant de nous familiariser avec notre environnement et de nous adapter grâce à nos expériences passées. Nous créons également des schémas de pensée (programmations et reprogrammations) grâce aux messages répétés en provenance de nos parents, de nos éducateurs, des médias et des autres supports de communication, y compris la publicité.

Par exemple, au cours des années 50, la découverte des techniques de suggestion subliminale révéla la façon dont elles étaient utilisées dans les spots publicitaires télévisés.

Ces films publicitaires étaient filmés normalement puis, ils étaient altérés par l'ajout d'autres images non perceptibles à l'oeil humain mais assimilables par le cerveau. Ces images attractives suggéraient aux téléspectateurs la sensation de faim, l'envie d'un produit ou d'une boisson apparaissant sur l'écran. Cette pratique garantissait aux propriétaires de théâtre que les spectateurs se rendraient au comptoir des friandises pour acheter du pop-corn, des chips, des hot dogs et des boissons, sans se douter qu'ils avaient été mentalement manipulés.

Pensez-vous que cette pratique ait cessé ? Il est vraisemblable que ces méthodes de suggestion ont été raffinées, qu'elles sont devenues plus sophistiquées. En tous les cas, nous continuons à être bombardés de messages subliminaux. Les vidéos de marketing et autres films publicitaire continuent de créer de nouveaux schémas de pensée (ils nous programment mentalement.)

Je vais vous donner deux autres exemples de produits très connus afin d'illustrer la façon dont nous créons en permanence de nouveaux schémas de pensée. Aux USA, les gens de la côte Est sont friands des produits de la marque Dunkin Donuts, qui commercialise de succulents petits gâteaux et un excellent café qui rivalise avec celui de Starbucks et de Second Cup. Et, au Canada, nombreux sont ceux qui ne concevraient pas de commencer leur journée sans boire leur tasse de café de la marque Tim Hortons. Chaque jour, nous apercevons des lignes d'attente de personnes qui ont créé des schémas mentaux les incitant à boire telle ou telle marque de café, de façon automatique.

Tous ces schémas de pensée (programmations et reprogrammations) contribuent à l'évolution permanente de la perception de notre image de soi.

Maxwell Maltz[1], un imminent chirurgien esthétique américain, étudia l'impact produit par l'autoprogrammation sur l'image personnelle et l'estime de soi. Maltz estimait qu'une personne devait avoir une perception précise et positive d'elle-même

---

[1] Maltz, Maxwell. *Psycho-Cybernetics: A New Way to Get More Living Out of Life.* Prentice Hall. 1960

avant de pouvoir atteindre ses objectifs. Autrement, cette personne se trouverait coincée dans un schéma permanent de croyances limitées. Il déclara que l'image de soi constitue la pierre d'achoppement de tous les changements qui se produisent chez une personne.

Selon Maltz, une image de soi déficiente et négative ruinera tous les efforts de changements personnels. Visiblement, il est important d'être attentif à notre autoprogrammation (la petite voix intérieure) et aux schémas de pensée que nous créons en permanence au sein de notre cerveau.

Les travaux de Maltz ont été largement confirmés par des travaux plus récents, en particulier par les découvertes de Richard Bandler et John Grinder[2] dans la Programmation neuro-linguistique (PNL). Bien que cette science nouvelle ait ses détracteurs, le fait est que les différents mécanismes mentaux mis en oeuvre sont rapidement perceptibles, lorsque l'on prête attention à ce qui se produit au cours du processus de pensée. Il est possible de procéder à des changements personnels en utilisant l'autoprogrammation.

Si nous acceptons le postulat de départ selon lequel de nouveaux schémas de pensée sont créés constamment, n'est-il pas logique d'utiliser cette capacité cérébrale afin de guider notre processus de réflexion pour décider de la façon dont nous réagirons dans certaines circonstances ? Ne devrions-nous pas tenter de réduire le nombre de fois que nous agissons sans penser, pour après les regretter, ou encore les manquements que nous souhaiterions n'avoir jamais eu ?

Pourquoi ne pas utiliser notre capacité naturelle nous permettant de nous simplifier considérablement la vie ? Apprenons à utiliser notre petite voix pour créer des schémas

---

[2] Bandler, Richard W. et Grinder, John T. *Frogs into Princes: Neuro Linguistic Programming.* Real People Press. 1989.

de pensée qui nous permettront de parvenir à la performance optimale.

Concepts à se rappeler pour améliorer ses performances

Au cours de votre lecture, vous aurez intérêt à garder présent dans votre esprit un certain nombre de concepts. Comme pour tout projet, il vous faudra une toile de fond solide et fiable pour soutenir l'effort supplémentaire nécessaire pour opérer la transformation que vous souhaitez. Vous réaliserez rapidement que vous êtes en train de tourner une page de votre existence, et que vous parvenez à une prise de conscience accrue. Parfois, vous aurez besoin d'avoir confiance en vous pour aboutir. Vous ferez un bien meilleur usage de vos compétences présentes, en assimilant et en appliquant les concepts suivants.

La sphère d'influence

La sphère d'influence représente un concept que je considère comme de la plus haute importance. Il fournit un schéma simple vous montrant sur quoi vous devez vous concentrer pour parvenir à la performance optimale. Concentrez-vous et travaillez sur ce que vous pouvez modifier

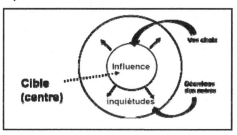

ou affecter et oubliez tout ce qui dépend des actions et des décisions des autres.

Ce concept a été élaboré par Stephen Covey[3]. Le point de départ de ce concept est que si nous nous concentrons sur

---

[3] Covey, Stephen R. *Les 7 habitudes des gens qui réalisent tout ce qu'ils entreprennent.* First Books. 2003.

notre sphère d'INFLUENCE (le centre de la cible), nous économisons de l'énergie, du temps et des efforts pour affronter les défis quotidiens.

Au contraire, si nous nous égarons dans la sphère des INQUIÉTUDES, rapidement, nous n'auront plus assez d'énergie pour assumer nos propres responsabilités. La conclusion de tout cela c'est qu'il est nécessaire de rester concentré sur votre sphère d'influence et, ainsi, diminuer progressivement votre sphère des inquiétudes. En agissant ainsi vous aurez une plus grande maîtrise de votre vie.

L'importance de la communication

Tout au long de cet ouvrage, vous constaterez qu'il est question de la communication sous ses diverses formes. La raison en est simple.

Nous pouvons avoir toutes les connaissances imaginables. À la fin, si nous ne savons pas bien les communiquer, les résultats seront moins que désirables. Au terme d'un échange, la qualité de notre existence est bien plus dépendante de notre communication que de nos connaissances.

> « La façon dont nous communiquons avec les autres et avec nous-mêmes détermine, en dernier ressort, la qualité de notre existence. »
> — **Anthony Robbins,** auteur en développement personnel et coach en techniques de succès.

Selon les recherches actuelles, le succès est constitué, approximativement, de 10 % de connaissances et de 90 % de capacité à communiquer. Il est donc logique de prêter attention à la façon dont vous transmettez les informations, à vous-même et aux autres.

Des recherches conduites par l'université du Minnesota rapportent des faits sur la nature des communications. Ces recherches démontrent que, d'une façon générale, nous communiquons de quatre façons différentes. Nous recevons davantage d'informations que nous en transmettons. Dans des circonstances normales, les pourcentages rapportés sont les suivants :

lecture : 16 % de notre temps
écriture : 9 % de notre temps
expression orale : 30 % de notre temps
écoute : 45 % de notre temps

Selon ces pourcentages, nous devrions écouter la majeure partie de notre temps. Toutefois, nous avons tendance à enfreindre les lois définissant une bonne communication. En effet, nous avons deux oreilles et une seule bouche. Dans ces conditions, nous devrions écouter deux fois plus que nous parlons!

Quelques mots d'avertissement

Le processus permettant de parvenir à la performance optimale est un jeu mental doté d'un but bien précis destiné à rendre vos efforts plus « automatiques. » Il nécessite une approche uniforme, constante et répétitive (amélioration continue), et une application systématique de la recette permettant de développer de nouvelles connexions au sein de notre cerveau. Il s'agit d'un processus inoffensif qui obéit à la loi de la répétition. Le processus de développement de votre cerveau est identique à celui du développement de votre musculature dans une salle de sport.

Toutefois, il est absolument nécessaire de ne pas exagérer la phase de gymnastique mentale, cette période d'entraînement mental quotidienne destinée à vous permettre d'obtenir la performance optimale. Voyez-vous, votre subconscient est très intelligent et n'a pas besoin de longues heures de répétitions pour entrer en action.

Il n'a besoin que d'une petite stimulation régulière, structurée et systématique pour atteindre son niveau d'efficacité optimale. En effet, un entraînement trop intensif peut fatiguer votre cerveau.

Assurez-vous donc que votre entraînement mental est efficace et productif en vous limitant à deux sessions par jour, au maximum. Les moments les plus propices pour cet entraînement sont :1) avant de vous coucher, afin que votre cerveau continue de travailler pendant votre sommeil, et 2) lors de votre réveil matinal, alors que votre cerveau est reposé et moins sujet aux distractions.

Il est fortement recommandé de vous en tenir à seulement deux séances quotidiennes avec un maximum de 15 minutes chacune.

Recommandations pour obtenir l'efficacité maximum

LA RESPIRATION VITALE

Tout au long de cet ouvrage, vous rencontrerez des références à la respiration considérée comme un élément essentiel pour la réflexion et la vie. Je vous encourage à vous concentrer sur votre respiration au cours de votre assimilation des divers chapitres de ce livre.

Un ancien dicton déclare que la seule chose qui nous soit indispensable est l'air et que tout le reste n'est constitué que des besoins secondaires. Êtes-vous d'accord ? Bien entendu cela fait référence à l'air qui nous est indispensable pour rester en vie.

En effet, vous pouvez survivre en étant privé de nourriture ou d'eau pendant un bon bout de temps. Dans ces conditions, votre situation sera fort inconfortable mais ne mettra pas votre vie en danger. Mais, en ce qui concerne l'air, sa nécessité se fait sentir de façon immédiate et critique.

Il est donc recommandé que vous entamiez votre cheminement vers la performance optimale en apprenant à respirer profondément afin d'oxygéner vos poumons au maximum. Si votre organisme est correctement oxygéné, il fonctionnera mieux, votre processus mental sera amélioré et, d'une façon générale, vous vous sentirez mieux. N'oubliez jamais cela !

APPLIQUER LA FORCE

Rappelez-vous que le physique et le mental de votre corps sont deux entités distinctes qui opèrent différemment mais qui sont, néanmoins, étroitement liées. La différence réside dans le type d'entraînement que vous suivez. En ce qui concerne l'entraînement musculaire, plus vos mouvements sont rapides, plus le poids que vous soulevez est élevé ou encore, plus intense est l'effort que vous appliquez à la partie de votre corps que vous souhaitez développer, et plus vous serez rapide, fort et agile.

Mais, en ce qui concerne le développement de votre force mentale, c'est exactement l'opposé. Moins vous imposez d'efforts et de stress à votre cerveau, meilleurs sont les résultats. Le développement du cerveau est optimisé grâce à un état d'esprit détendu et calme.

ENTRAÎNEZ-VOUS LOIN DU LIEU DE PERFORMANCE

Je veux parler ici du lieu que vous choisirez pour mener vos exercices d'entraînement mental. Vos résultats seront largement améliorés si vous choisissez de vous entraîner loin du lieu de votre performance (professionnelle, sportive, ou autre…). Dans le cadre de votre entraînement mental, vous devez minimiser le plus possible l'impact de votre environnement.

Donc, choisissez judicieusement le lieu où vous pratiquerez dans votre gymnase mental. Assurez-vous qu'il soit aussi éloigné que possible du lieu de vos performances afin d'être en mesure de minimiser les sentiments associés ou provoqués par le lieu de votre activité habituelle. Il sera beaucoup plus facile de reprogrammer un esprit clair, dégagé de toutes les émotions associées aux performances passées, dans le but de parvenir à la performance optimale.

Prenez l'exemple du joueur de football qui ne se sent à son aise que lorsqu'il porte un certain T-shirt. Il porte donc le T-shirt en question avant de se rendre sur le terrain. Bien entendu, ce T-shirt ne possède aucune propriété, par lui-même, mais il provoque une réaction mentale subconsciente qui place ce joueur dans l'état d'esprit nécessaire pour accomplir sa performance. Nous connaissons tous les superstitions des athlètes sportifs : une paire de soquettes, une chemise particulière, un bracelet…, autant d'objets supposés posséder un mystérieux pouvoir qui place ces athlètes dans un état mental supérieur propice à l'obtention d'une bonne performance. La plupart de ces athlètes ne réalisent pas que l'objet qu'ils utilisent crée un lien avec une performance optimale passée. Ils ressentent les mêmes sensations que ce jour précis où rien ne put les arrêter.

Le fait de pratiquer vos exercices mentaux loin du lieu de vos performances normales vous garantira une étroite connexion avec l'état d'esprit recherché, avec des interférences réduites au minimum, ce qui vous permettra ensuite de transposer plus facilement votre acquis dans le lieu de votre activité.

LE CONCEPT DE LA TRACTION

Au cours de votre lecture, vous rencontrerez des références au concept de la « TRACTION ». Pour vous aider à mieux comprendre ce concept et en bénéficier au maximum, je vous demande d'imaginer que vous travaillez avec une corde. Son diamètre est égal à celui de votre pouce et vous la tenez à deux mains. Elle est raccordée à l'activité que vous menez. Vous comprenez bientôt qu'il est impossible de « pousser » la corde! Vous n'obtenez aucun résultat! Par contre, si la corde vous tire, vous parviendrez à des résultats car il vous sera possible de guider, d'augmenter, de canaliser votre effort. Imaginez la différence en pensant à une voiture qu'il faut sortir d'un trou. La pousser avec une corde plutôt que la tirer demande beaucoup plus d'efforts et ne mène à rien.

Au cours de votre routine quotidienne, il vous arrivera de tenter de « pousser » la corde sans résultat. A d'autres moments, ce sera la corde qui vous tirera. Le concept mental décrit dans ce livre consiste à développer votre capacité mentale à créer une tension sur la corde, et non la pousser.

Dans le contexte de la performance optimale, la meilleure façon d'y parvenir consiste à avoir une vision claire et irrésistible de votre destination. Cette vision créera ensuite la traction qui réduira vos efforts pour y parvenir.

Preuve par anecdote

En lisant ce livre, il vous arrivera, probablement, d'éprouver quelques doutes au sujet de certains des principes que je développe. Avant que cela ne se produise, je tiens à vous raconter l'histoire d'une personne étonnante. Il s'agit du professeur Jill Bolte Taylor.

Le professeur Taylor est une neuro-anatomiste diplômée de Harvard, une spécialiste du cerveau, qui raconte son expérience à la suite d'une sévère attaque d'apoplexie qui la frappa à l'âge de 37 ans. Le 10 décembre 1996, elle subit une hémorragie cérébrale dans la partie gauche de son cerveau, ce qui la priva de la parole, de la mémoire, du mouvement et de toutes ses facultés mémorielles.

Elle écrivit un livre[4] racontant ses huit années de lutte pour recouvrer l'usage de la partie gauche de son cerveau. L'édition de mai 2008 du Time Magazine la distingua pour son oeuvre et la classa parmi les 100 personnalités les plus importantes du monde.

Le professeur Taylor décrit sa convalescence et la façon dont elle étudia les étapes franchies par son cerveau pour recouvrer ses facultés d'expression, d'écriture, de mémoire et de mouvement. Grâce à son bagage scientifique, elle fut capable d'étudier le détail du fonctionnement de son cerveau qui lui permit d'obtenir une guérison apparemment miraculeuse. Elle identifia le processus selon lequel les cellules cérébrales communiquent entre elles, par molécules chimiques et circuiterie cérébrale pour créer de nouveaux programmes et de nouveaux schémas mentaux qui nous aident à résoudre automatiquement nos problèmes quotidiens.

Le professeur Taylor a souhaité que les gens n'aient pas à subir une attaque si massive comme la sienne pour découvrir le moyen de bénéficier d'une profonde transformation personnelle permettant d'atteindre la performance optimale (quintessence des énoncés du Professeur Taylor).

---

[4] Taylor, Dr. Jill Bolte, Ph.D. *My Stroke of Insight.* Viking Books. 2008

Dans une vidéo sur Youtube[5], vous pouvez voir et entendre les explications que le professeur nous donne au sujet de son expérience.

Elle explique que la perte des cellules mémorielles de son cerveau n'apporta pas de modification en elle. Cela ne fit qu'éliminer les barrières mentales qu'elle avait dressées au cours de sa vie, barrières qui avaient empêché le plein épanouissement de sa personnalité. Sur le même site Internet, vous pouvez visionner d'autres vidéos qui vous montrent clairement le mécanisme qui régularise nos processus mentaux.

Essentiellement, les exercices de reprogrammation discutés dans ce livre ont le même genre d'impact que celui décrit par le professeur Taylor à la suite de son attaque. Mais, contrairement à ce qui s'est passé pour le professeur Taylor, les exercices proposés dans ce livre n'ont aucun effet destructeur. Au contraire, en définitive, ils transformeront les souvenirs en éléments indispensables pour l'atteinte de la performance, agissant comme des tremplins permettant d'atteindre de nouvelles réalisations alignées sur les buts que vous vous êtes fixés.

Le secret du succès de votre transformation, comme le professeur Taylor le suggère, dépend de la direction vers laquelle vous pointez votre attention. Vos résultats seront proportionnels à l'intensité de la concentration que vous appliquerez pour modifier vos modes de pensée. Et cela peut être accompli grâce à la capacité que possède votre cerveau de se recâbler, sous votre direction consciente, c'est-à-dire vous reprogrammer afin d'atteindre la performance optimale.

---

[5] YouTube.com - *How it feels to have a stroke.* 2009

AïM, la Maîtrise de la vie

Le cheval et le cavalier

Avant que nous n'entrions dans le vif du sujet, j'aimerais vous expliquer comment je considère les concepts de notre cerveau conscient et subconscient. Tout d'abord, permettez-moi de vous raconter une histoire de chevaux.

Lorsque j'étais adolescent et que je travaillais dans la ferme familiale, nous utilisions des chevaux pour tous les travaux de traction les plus lourds. Nous les utilisions pour traîner les arbres abattus dans la forêt jusqu'à la grange où ils étaient débités en bois de chauffage pour l'hiver. Nous les utilisions pour traîner les tombereaux chargés du fumier destiné à être répandu dans les champs. Nous les utilisions également pour couper, ramasser et transporter le foin jusqu'à la grange durant la période des moissons. Et, bien entendu, ce sont eux qui nous ont épargné beaucoup d'efforts en charriant les pierres, le sable et la terre destinés aux divers aménagements paysagers de notre propriété.

Avec le temps, j'appris à bien connaître les chevaux. Si vous voulez qu'un cheval vous obéisse, vous devez le guider avec les rênes et, parfois, faire preuve d'autorité pour qu'il fasse attention à votre commandement.

Un cheval, (comme votre cerveau subconscient) veut agir selon sa routine habituelle et son conducteur (cavalier) doit le maintenir sur le bon chemin afin qu'il accomplisse sa tâche.

Donc, tout comme le cheval et son cavalier, le cerveau subconscient tend à se diriger là où il a l'habitude d'aller et le cerveau conscient raisonne et nous guide logiquement pour nous faire accomplir l'acte approprié, au moment opportun.

C'était un jour d'été, alors que mon frère André, ma petite sœur Monique, mon grand-père et moi-même ramassions le

PO = la bonne chose, avec le bon dosage, au bon moment[MC]

foin dans le champ, nous tombâmes sur un nid de guêpes. Ceux qui connaissent les chevaux peuvent aisément imaginer la frayeur de ces derniers. Au milieu du champ, les chevaux n'étaient pas attachés et les rênes reposaient sur le montant du transporteur à foin. Le pire était que Monique se trouvait sur la charge de foin.

Imaginez la scène. Un petit ruisseau qui se tarissait durant l'été, traversait notre propriété. Néanmoins, même en été, nous devions utiliser un pont pour le traverser. Au-delà du pont se trouvait une clôture dotée d'une barrière en bois qui permettait d'accéder au champ des moissons. À partir de là, un sentier sinueux traversait le pâturage des vaches et menait à la grange.

Lorsque les chevaux furent effrayés par ces guêpes, ils ne se soucièrent guère du transporteur qu'ils tiraient, et prirent le mord aux dents. Ils galopèrent vers leur destination habituelle, la grange. Bien entendu, le chemin n'était pas pavé !

En premier lieu, Monique eut vite fait de tomber par terre, avec une partie de la charge sur elle. Heureusement que mon grand-père reconnut la gravité immédiatement et alla à son aide.

Pendant ce temps, nos chevaux emportés par la peur galopaient, entraînant le transporteur sur le terrain irrégulier, et moi courant derrière pour essayer de les rattraper. Les montants du transporteur finirent par se briser. Les chevaux atteignirent bientôt le pont où, bien entendu, il n'y avait aucune chance pour qu'ils s'enlignent correctement ! Donc, en traversant le pont, quelques morceaux supplémentaires se détachèrent, à la fois du pont et du transporteur. Imaginez la barrière située immédiatement de l'autre côté du pont, et vous pourrez déjà voir que le désastre grandissait ! Les pauvres chevaux arrivaient à toute allure. Bang ! Ils franchirent la barrière qu'ils détruisirent en arrachant un poteau !

Leur course folle prit finalement fin lorsqu'ils atteignirent la grange où ils se reposaient habituellement. C'est seulement là que je pus les rejoindre. Nous fûmes consternés de constater tout ce qui s'était produit durant ce faible laps de temps. Nous devions tout de même rentrer la récolte et notre principal équipement avait pratiquement été détruit. Il fallut beaucoup de travail pour remettre le tout en état de service, sans compter le temps qu'il fallut consacrer à la réparation du pont et de la barrière.

Aujourd'hui, quand je repense à cet épisode, cela me remémore le fait que notre subconscient fonctionne exactement comme les chevaux. S'il est effrayé par quelque chose qui nous effraie ou qui nous est étranger, nous réagissons instinctivement.

Nous nous mettons à courir sans trop réfléchir. Nous agissons parfois de façon totalement stupide. Nous ne remarquons même pas ce qui se déroule autour de nous. Nos actions sont provoquées par une réponse automatique basée sur nos expériences passées. Et, généralement, nous n'apprécions pas la situation avant de nous enfuir (de manière figurée) pour nous protéger.

Au fur et à mesure de votre lecture de ce livre, souvenez-vous de ce concept. Pour réussir, vous devez apprendre à être un bon CAVALIER et bien guider votre CHEVAL (subconscient) pour qu'il accomplisse ce que vous désirez. Les techniques que nous allons voir ensemble sont destinés à vous aider à maîtriser votre cheval (votre cerveau subconscient) en lui enseignant à réagir de façon appropriée et efficace lors des défis que vous rencontrerez en vue d'obtenir une performance optimale.

<u>Points à retenir :</u>

- Au fur et à mesure de votre lecture, souvenez-vous de faire preuve d'objectivité. Demandez-vous comment vous pouvez utiliser ces concepts et ces idées pour améliorer vos résultats.

- Le titre de ce livre vise à vous inciter à obtenir davantage que les résultats automatiques ordinaires.

- Ce livre est un moyen de partager avec vous des années d'expérience dans la création de la performance optimale. Je vous demande d'être très attentif et d'essayer d'utiliser au moins une de ces techniques pour rendre votre vie plus simple.

- On vous conseille de lire ce livre d'un bout à l'autre. Vous ne savez jamais à quel moment la découverte d'un secret soigneusement gardé peut provoquer en vous une transformation personnelle significative.

- Reportez-vous à la feuille de route si vous vous sentez perdu. Assurez-vous de savoir à quelle étape vous êtes parvenu dans votre voyage vers la performance optimale.

- En termes simples, ce livre va s'efforcer de réduire vos efforts et votre stress, tout en améliorant vos résultats - ce que l'on appelle l'efficacité à moindre effort.

- Vous avez vécu jusqu'à aujourd'hui en possédant, très certainement, tout ce qu'il faut pour faire de votre vie un succès dans l'avenir. Il n'y a vraiment rien de neuf. Rappelez-vous simplement que c'est le processus utilisé qui fait toute la différence. Ce livre vous fournit une technique vous permettant d'organiser vos connaissances actuelles selon une approche structurée destinée à créer la performance optimale.

- Nous créons en permanence de nouveaux schémas de pensée (programmations et reprogrammations). Pourquoi ne pas apprendre à utiliser ces capacités naturelles et les appliquer de façon consciente afin que nous puissions obtenir la performance optimale de façon régulière ?

- Au cours de votre apprentissage, l'obtention de la performance optimale sera favorisée si vous gardez présent à l'esprit :
  - la sphère d'influence : concentrer sur ce que vous êtes en mesure de contrôler;
  - l'importance de communiquer de façon adéquate.
  - la notion de l'« **automatisme**. »;
  - la respiration vitale. Assurez-vous que vous vous oxygénez au maximum;
  - sur le plan physique, davantage d'efforts sont nécessaires pour produire un impact conséquent;
  - sur le plan mental, moins vous faites d'efforts, meilleurs sont vos résultats.

- Le concept de la TRACTION : il est plus facile de tirer une corde que de tenter de lui imprimer une poussée.

- Les exemples montrant la puissance et les possibilités de l'esprit sont innombrables. Souvenez-vous du professeur Jill Bolte Taylor et de son parcours lui ayant permis de se remettre totalement de sa grave crise d'apoplexie.

- Lorsque que vous réfléchirez aux concepts et aux idées que vous rencontrerez dans ce livre, souvenez-vous de l'histoire du cheval et du cavalier. Votre cerveau subconscient est comparable à un cheval - il n'en fait qu'à sa tête. Par contre, VOUS, en votre qualité de cavalier (votre cerveau conscient) devez saisir les rênes et guider le cheval dans la direction que vous souhaitez. Cela demande du temps et de l'entraînement soutenu et répété.

PARTIE II – Construire les fondations

Garder le cap...

PARTIE I   Préparer le voyage
PARTIE II   **Construire les fondations**

- ✓ **Principes fondamentaux de AïM**
  - Alerter : la prise de conscience
  - Intérioriser la découverte
  - Intégrer au sein de la routine
  - Développer la Maîtrise
- ✓ **Définition : la Performance Optimale**
  - La bonne chose
  - Le bon dosage
  - Au bon moment
  - Un maître de la Performance Optimale
- ✓ **Régler votre boussole**
  - Le pouvoir de la visualisation
  - Règles pour créer une vision
  - Croyez et vous verrez
  - Exhaustive et inspirante
- ✓ **Stimuler votre motivation**
  - La motivation vient de l'intérieur
  - Vos raisons sont vos raisons
  - Bons jours, mauvais jours
- ✓ **Installer les gardes-fous**
  - Des valeurs pour la vie
  - Connaître les limites
  - Être franc envers soi-même
  - Attention aux incongruités

PART III   Programmer la Performance
PART IV   Lâcher les freins
ANNEXES

Principes fondamentaux de AïM

Avant que je ne dévoile la recette permettant de parvenir à la performance optimale, je veux m'assurer que nous sommes bien tous sur la même longueur d'onde. Si mon message doit vous guider de façon efficace, il est important que nous parlions le même langage et que nous utilisions la même terminologie.

Il se peut que vous ayez lu certaines choses sur ce sujet, que vous ayez entendu des spécialistes de ce domaine ou que vous ayez échangé des points de vue concernant la performance avec d'autres personnes. La maîtrise est la clé du succès pour établir des réactions « **automatiques** » qui vous aideront au cours de votre voyage en direction de la performance optimale.

J'ai intitulé mon programme : AïM - la maîtrise de la vie. Il s'agit d'un sigle simple mais lourd de signification :

A – veux dire ALERTER; prise de conscience, se rendre compte que quelque chose existe en soi.

ï – veux dire INTÉRIORISER le fait; emmagasiner la nouvelle conscience pour usage ultérieur.

ï – veut dire INTÉGRER; utiliser la nouvelle connaissance dans le cadre de votre routine (utiliser cette connaissance pour accomplir avec une efficacité à moindre effort). Cette étape, représentée par le deuxième point sur le « ï » donne la perspective de l'auteur. Intérioriser et intégrer constituent les deux aspects d'une même activité destinée à atteindre la performance optimale. L'un ne va pas sans l'autre.

M   - indique MAÎTRISE de l'habileté; cela est accompli grâce à un entraînement continu (répéter les applications de vos connaissances). Cela vous procure « **l'automatisme** » requis lorsqu'un défi se présente.

J'ai choisi ce sigle afin de résumer les étapes importantes que vous devez franchir pour obtenir la maîtrise de la Performance Optimale.

Mais il y a également une autre raison. Je pense que vous serez d'accord avec moi pour comprendre que « si l'on ne vise pas, on atteint rarement sa cible. » Je suis convaincu que la maîtrise n'est pas un accident. Elle est le résultat direct d'une action concentrée et soutenue destinée à obtenir une réponse automatique. Interrogez n'importe quel athlète de haut niveau. Il ou elle vous répondra que ses capacités sont le résultat d'innombrables heures d'entraînement soutenu. Le processus, en lui-même, est simple mais il implique un travail très intense qui requiert patience et persévérance. C'est pourquoi **AÏM** vise à faire appel à votre volonté de vous surpasser !

À ce point-ci, je crois qu'il est important de souligner les principales fonctions de votre cerveau.

Je ne vous imposerai pas les détails techniques concernant la façon dont votre cerveau travaille. Je veux plutôt vous parler du fonctionnement quelque peu fantasque du cerveau. Parlons de deux sujets intéressants, le conscient et le subconscient.

Le cerveau subconscient (système limbique ou autonome) contrôle nos <u>instincts</u>. C'est lui qui dirige les fonctions autonomes de notre organisme, telles que la digestion, la circulation sanguine, la respiration, la guérison et la lutte contre les bactéries et les germes, sans que nous en ayons conscience. Il représente aussi le siège des réactions automatiques basées sur nos croyances. Cette partie de notre cerveau semble beaucoup plus puissante que la partie consciente. Il serait donc extrêmement profitable d'apprendre comment utiliser de façon simple la partie subconsciente de notre cerveau !

C'est dans notre cerveau conscient que sont stockées nos connaissances, ce que nous avons appris au fil du temps, nos expériences et les compétences que nous avons progressivement développées. Tout cela est enregistré dans notre mémoire où nous pouvons puiser au moment opportun pour aider notre réflexion consciente. C'est également le siège de nos divers sens (vue, ouïe, goût, odorat, toucher), de notre faculté d'apprentissage, de la création de nouveaux concepts, de nouvelles formes de compréhension.

Le but de créer la <u>maîtrise</u> est d'installer des réponses automatiques à certaines situations, grâce à la combinaison de divers éléments : l'identification, les schémas mentaux préétablis, et l'application opportune de réponses automatiques qui réduisent nos efforts et permettent des résultats ciblés. Toutefois, avant que la réponse ne devienne automatique, un processus de transfert des informations ou des concepts, du cerveau conscient au cerveau subconscient doit se dérouler.

Dans les pages suivantes, vous lirez une technique permettant d'améliorer la capacité, que vous possédez d'ores et déjà, de créer de nouveaux schémas mentaux qui vous permettront d'atteindre la performance optimale.

Alerter : la prise de conscience.

La première lettre du sigle **AïM**, est la lettre A, qui signifie <u>alerter</u>, éveiller vos facultés, prendre conscience.

Ce mot a pour synonymes, connaissance, lucidité, intuition, discernement, perception, familiarité, compréhension. En lisant ces mots, vous réaliserez très vite que cette expression signifie tout simplement observer le moment présent et en estimer les éléments de façon à ce qu'il vous fournisse une base solide pour votre action.

Il nous arrive trop souvent de ne pas distinguer certains stimuli au cours d'une journée, parce que nous n'avons pas la connaissance nécessaire pour les reconnaître. À d'autres moments, nous manquons certains signaux - verbaux, visuels ou autres – non par manque de connaissance mais parce que nous survolons ces moments, inconscients de ce qui se passe autour de nous.

Je n'irai pas jusqu'à dire que, dans ces moments-là, nous sommes assoupis à la barre, mais plutôt que, dans certaines circonstances, notre seuil de conscience est très bas. De nombreux facteurs entrent en jeu. Il peut s'agir d'un manque de sommeil, d'une distraction momentanée, d'une déshydratation provoquée par un abaissement du niveau de nos fluides, d'un manque de vitamines ou encore… Les raisons sont diverses et variées. L'important consiste à entraîner notre cerveau à reconnaître les stimuli qui déclenchent l'alerte à une prise de conscience.

Intérioriser la découverte.

Dans le sigle **AïM,** vous trouvez deux fois la lettre « i ». Le premier « i » symbolise l'intériorisation.

Dans les nombreuses instances de coaching vécues, j'ai appris qu'avant de pouvoir agir, il vous faut emmagasiner (intérioriser) la nouvelle prise de conscience dans votre bagage de connaissances. Sinon, son usage sera aléatoire.

Par exemple, dans le cadre d'une relation entre deux personnes, certaines paroles prononcées par l'une d'entre elles peut produire des réactions variées. Nous savons que les hommes ont tendance à ne pas reboucher leur tube de dentifrice après usage et cela exaspère les femmes. Ou encore lorsqu'ils laissent le siège des toilettes relevé !!! Nous savons que ces réactions sont prévisibles à 100 %.

Maintenant, si un homme ne se rend pas compte qu'en agissant ainsi il heurte émotionnellement son épouse, cela montre, tout simplement, qu'il ne prend pas conscience de ces situations. Mais, une fois qu'il réalise l'impact produit par son attitude sur la nature de sa relation avec son épouse, il peut enregistrer cette prise de conscience et faire un effort pour corriger ces habitudes. En agissant ainsi, il intériorise sa prise de conscience. Dans son esprit, une compréhension soudaine lui permet de distinguer le profit qu'il pourrait tirer en baissant le siège des toilettes ou en rebouchant son tube de dentifrice. En agissant ainsi il met fin aux récriminations de son épouse!!!

En reconnaissant et en appréciant la situation, puis en estimant rationnellement le profit qu'elle tirera de son action, une personne intériorise sa prise de conscience et peut agir en conséquence.

Intégrer au sein d'une routine.

Dans le sigle **AïM**, le second « i » signifie « intégrer ». En effet, il n'est pas suffisant d'intérioriser la prise de conscience. Nous devons l'intégrer au sein de notre réflexion quotidienne. Une fois intégrée, la prise de conscience est présente. Mais elle ne peut nous aider que si elle est mise en action.

Par exemple, mon épouse me demande depuis très longtemps de la prévenir si je pense être en retard. Je sais et comprends la raison pour laquelle elle souhaite en être informée. J'ai intériorisé son souhait. Cependant, je n'ai pas totalement intégré cette information. Il m'arrive, parfois, d'oublier de l'appeler au téléphone pour la prévenir de mon retard et cela crée une certaine tension dans notre relation. Dans ce cas précis, je suis loin de la performance optimale puisque cette situation provoque des rappels et des discussions inutiles et vaines. Je devrais le savoir et intégrer cette connaissance!

Les résultats ne peuvent être obtenus qu'après avoir mis l'intégration en action.

Il s'agit d'un défi que vous devez vous résoudre à relever. Comme toujours, sans concentration et attention soutenue, les résultats seront difficiles à obtenir. Pour intégrer cette nouvelle prise de conscience, il sera nécessaire de garder ce processus présent à l'esprit. À chaque fois que vous serez alerté à une nouvelle prise de conscience, vous voudrez faire un peu d'introspection. Il vous faudra procéder à une certaine planification mentale. Peut-être le fait d'écrire une note avec l'intention de l'utiliser vous aidera-t-il à l'intérioriser. Ensuite, la troisième étape suivra. Vous vous assurerez, non seulement de l'existence permanente de votre nouvelle prise de conscience, mais également de votre désir volontaire de l'utiliser pour vous améliorer et parvenir à la Performance Optimale.

La répétition de ce processus pour toute nouvelle prise de conscience vous aidera à établir une routine d'identification qui, progressivement, deviendra automatique. La capacité d'intériorisation et d'intégration deviendra, chez vous, une seconde nature. La Performance Optimale fera, désormais, partie de votre vie.

AïM, la Maîtrise de la vie

Développer la Maîtrise

La dernière lettre du sigle AïM signifie MAÎTRISE.

Après avoir pris conscience d'un concept, d'une technique ou d'une compétence particulière, après avoir intériorisé assidûment cet outil et l'avoir disposé dans votre bagage de connaissances, après avoir intégré consciemment cette nouvelle compétence dans le cadre de votre routine, la dernière étape consiste à créer en vous une seconde nature (ou un automatisme) c'est-à-dire une façon d'utiliser votre nouvelle prise de conscience de façon permanente.

Comme pour tout talent ou toute activité que nous maîtrisons parfaitement grâce à l'entraînement, votre nouvelle prise

> « N'importe quelle idée, n'importe quel plan, n'importe quel dessein peut-être intégré dans votre esprit si vous y pensez de façon répétée. »
> — **Napoleon Hill,** conférencier et auteur de plusieurs ouvrages sur le développement personnel

de conscience a besoin d'être pratiquée régulièrement afin de devenir une habitude ancrée en permanence en vous. Vous obtiendrez ainsi l'habitude de la maîtrise.

Voyons en sommaire les paroles de Gandhi : « Mes paroles déterminent mon comportement. Mon comportement définit mes habitudes. Mes habitudes ancrent mes croyances. Mes croyances déterminent mon destin. » Si vous examinez attentivement cette citation, vous aurez une idée de la progression qui décrit la pratique requise pour atteindre le destin que nous choisissons. Comme Einstein l'a dit, « la meilleure façon de déterminer notre avenir, c'est de le créer. »

La création d'un avenir souhaité exige constance, détermination, concentration, persévérance, persistance, courage et dévouement. En effet, vous vous devez, à vous-même, de vous faciliter la vie au maximum. La vie est assez difficile comme cela! La plupart du temps, personne ne fera l'effort de vous faciliter la vie, ne croyez-vous pas ?

Chacun doit prendre sa propre vie en mains, avant toute chose. Seul des philanthropes seront, éventuellement, en mesure de vous aider. La plupart de ceux qui vous entourent sont déjà suffisamment préoccupés par leur propre existence. Vos efforts pour développer votre **M**aîtrise vous garantiront l'obtention de résultats optimaux qui projetteront vos performances à un niveau dépassant tout ce que vous auriez pu imaginer !

Lorsque vous déciderez de développer votre **M**aîtrise, la performance optimale fera partie de votre routine quotidienne. Elle vous fournira la **TRACTION** qui vous permettra d'atteindre les objectifs de votre vie « avec moins d'effort ».

Définition : la Performance Optimale

Pour simplifier les choses et les rendre tout à fait claires, permettez-moi avant tout d'expliquer ma conception de la performance optimale (PO).

Je suis sûr que vous avez déjà lu ou entendu un certain nombre de définitions concernant ce sujet. Dans le cadre de ce guide, je tiens à ce que vous pensiez à la performance optimale en termes extrêmement simples.

> *Pour obtenir le meilleur résultat, au moindre effort, il est judicieux d'utiliser le principe K.I.S.S. (keep it super simple- ne compliquez pas les choses).*
> **- Dan Blais,** ami et collègue en affaires

Je voudrais que vous imaginiez la performance optimale comme une recette bien équilibrée. Si vous ajoutez trop de sel, vous gâcherez un délicieux repas. De la même façon, trop d'efforts pour obtenir la perfection vous épuiseront et pourront même, finalement, provoquer des effets contraires à ceux que vous souhaitiez obtenir.

Considérons la performance optimale (PO) dans une perspective dénudée de toute contrainte mentale.

Au fil des années, mon expérience m'a enseigné que la performance optimale ne s'obtient pas en « appuyant à fond sur l'accélérateur. » Contrairement à l'idée conventionnelle, la performance optimale ne résulte pas d'un effort maximum permanent mais plutôt d'un processus de pensée qui permet de déployer l'effort proportionnel à la situation pour obtenir le résultat désiré.

Pour illustrer ce concept, prenons l'exemple d'une situation quotidienne banale.

Il est probable que vous devez conduire votre voiture presque tous les jours. Et, à moins d'être un coureur automobile, vous appuyez rarement à fond sur la pédale de l'accélérateur. Mais il est également fort probable qu'un jour ou l'autre vous avez frôlé un accident, sur la route.

Du fait que vous étiez concentré à cet instant, votre lucidité vous a permis d'utiliser vos talents de conducteur de la façon optimum : vous avez donné un coup de volant, peut-être avez-vous freiné mais vous avez évité un accident, sans avoir perdu le contrôle de votre véhicule, sans être tombé dans le fossé, tout cela sans même y avoir réfléchi.

Tout s'est passé parfaitement pour régler au mieux cette situation. Vous étiez dans un état de performance optimale - vous avez accompli ce qu'il fallait accomplir, de la bonne façon, au bon moment. Ce fut une réaction automatique. Et c'est cela que vous devez créer dans toutes les situations sérieuses que vous rencontrerez. Vous devez appliquer un programme mental qui vous permette d'utiliser vos connaissances et vos compétences acquises de façon à obtenir les meilleurs résultats possibles, au moindre effort.

C'est pourquoi je vous propose de définir la performance optimale de la façon suivante : « **La bonne chose, avec le bon dosage, au bon moment**[MC] ».

Quand je pense à la performance optimale, je ne puis m'empêcher de penser aux paroles de la chanson de Kenny Rodgers, « The Gambler » : « tu dois savoir quand rester dans le jeu, quand tu dois abandonner ta main, quand tu dois quitter la table et quand tu dois courir… » L'analogie avec cette chanson concerne le type d'action à accomplir dans la bonne mesure au bon moment. La performance optimale vise le minimum d'efforts pour des résultats optimum. Il en est ainsi de ma définition.

Donc, pour que nous soyons tous sur la même longueur d'onde en ce qui concerne la signification de la performance optimale, je vais vous expliquer ce que je veux dire grâce au diagramme ci-joint. La vie

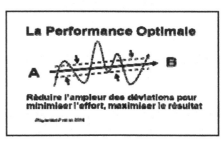

est un chemin qui nous mène du point A au point B. La ligne droite représente le trajet optimum mais nous savons que la vie ne se déroule pas ainsi. À certains moments, nous rencontrons des déviations qui nous font quitter notre voie. Fréquemment, nous avons besoin de rectifier notre direction afin de reprendre notre progression en direction de notre but. Le processus de la performance optimale nous permet de réduire l'ampleur des déviations coûteuses et de minimiser les efforts inutiles.

Selon moi, la performance optimale repose sur les trois piliers suivants : la bonne chose, le bon dosage et le minutage. Au cours de votre lecture de ce livre et pendant que vous réfléchirez aux idées exposées dans ce livre, je souhaiterais que vous vous souveniez de cette définition et des suggestions proposées pour une action efficace. En termes simples, la performance optimale représente le processus grâce auquel vous minimisez vos efforts tout en améliorant vos résultats.

La bonne chose

Je dois avouer que je suis un partisan de la simplicité. Ce qui est important, à mes yeux, c'est que vous compreniez le concept afin que vous puissiez l'appliquer pour améliorer votre prise de conscience de ce que vous pouvez véritablement accomplir.

C'est pour cela que j'ai intitulé le premier pilier sur lequel repose la performance optimale, LA BONNE CHOSE : les expériences, les compétences, les talents et les spécialités que vous avez développés et stockés au cours de votre existence. Après tout, ce n'est pas par magie que vous êtes parvenu au point où vous en êtes aujourd'hui! Vos efforts pour apprendre, considérer, évaluer, pour penser et réfléchir, pour accepter, absorber, choisir et appliquer, vous ont permis d'affronter les diverses situations de votre vie quotidienne.

Vous devez, probablement, en fait, fort bien gérer les problèmes et les obstacles rencontrés dans le cadre de votre vie quotidienne.

Chaque fois que vous avez utilisé vos compétences innées, vous êtes devenu plus fort. Vous possédez tout ce qui est nécessaire pour déterminer et mener une existence agréable. Toutefois, il arrive, de temps à autre, que vous soyez distrait et, lorsqu' un défi se présente, vous ne l'affrontez pas toujours comme vous le devriez. Dans ces moments-là, vous ne faites pas LA BONNE CHOSE! Vous laissez les choses se produire au lieu de les provoquer vous-même. Et, parfois, les résultats que vous obtenez ne sont pas tout à fait ceux que vous attendiez.

Ce n'est que plus tard, en y réfléchissant, que vous réalisez que vous avez « raté la cible ». Si vous aviez été pleinement conscient de la situation, vous auriez pu obtenir un résultat différent. C'est-à-dire que vous auriez choisi une action différente basée sur vos connaissances acquises.

Permettez-moi de vous donner un exemple. Deux amis font la queue devant un cinéma pour acheter leurs tickets. La file d'attente est longue. Soudain, deux personnes arrivent d'une autre direction et prennent place, carrément, en tête de la file d'attente. Personne ne semble avoir remarqué ce manège mais nos deux amis sont fort contrariés. Ils adressent quelques réflexions bien senties à ces deux personnes incorrectes. Une dispute verbale s'ensuit. Les menaces fusent. Toutes les personnes présentes, dont certaines sont accompagnées de jeunes enfants, sont contrariées. Beaucoup d'agitation aurait été évitée si chacune des parties s'était rendue compte de la situation et avait agi avec davantage de courtoisie.

Chacune des parties réagit de façon automatique, l'une en exprimant sa colère, et l'autre en répondant avec un manque total de respect. Toutes ces personnes furent guidées par leurs automatismes. Un résultat s'ensuivit, bien sûr, mais il ne fut bénéfique pour personne. C'est à ce moment-là que l'expression classique, « oh, non! » est justifiée et un observateur de la situation ne pourrait manquer d'imaginer comment les choses auraient pu être différentes si chacun s'était davantage soucié des autres personnes présentes.

Cela peut peut-être vous sembler un exemple quelque peu simpliste mais il décrit bien la cause fondamentale de cette attitude erronée : il est certain que ces personnes n'ont pas fait la bonne chose !!!

Lorsque vous commencez à prendre conscience du fait que vous devez être plus sélectif dans vos actions en réponse à une situation donnée, vos résultats s'améliorent considérablement grâce au premier pilier sur lequel repose la performance optimale, LA BONNE CHOSE.

Le bon dosage

Il est essentiel de bien doser vos ingrédients si vous souhaitez réussir votre recette.

Si vous décidez, par exemple, de faire un gâteau, et si vous oubliez ou si vous modifiez un ou plusieurs ingrédients de la recette, vous allez obtenir un résultat désastreux. C'est pourquoi le deuxième pilier sur lequel repose la performance optimale est également important. Il s'agit du BON DOSAGE. Les éléments sont d'une importance capitale mais il en est de même pour le dosage. Si votre recette nécessite une pincée de sel et que, par mégarde, vous ajoutez une cuillère à soupe de sel, je vous laisse imaginer le goût qu'aura votre gâteau. Dans notre exemple de la file d'attente du cinéma, si les personnes en colère s'étaient abstenues de faire des réflexions ou avaient manifesté leur réprobation de façon plus respectueuse et utile, le résultat eût été totalement différent.

Cela me rappelle l'époque où j'étais jeune et audacieux. Les enfants de notre famille avaient décidé de confectionner des tartes aux pommes. Tout fut accompli parfaitement sauf pour un détail : nous confondîmes le sucre et le sel, qui avaient la même apparence. Nous étions tellement fiers de nos tartes ! Nous les mîmes au four et attendîmes le dessert avec beaucoup d'excitation. Nous n'avons jamais goûté une aussi mauvaise tarte aux pommes ! Imaginez le goût de sel surmonté d'une crème glacée à la vanille ! Beurk!!!

De façon simple, le BON DOSAGE consiste à doser correctement la compétence, l'expérience, la connaissance, ou la spécialité que vous utilisez dans une circonstance déterminée. Si vous exagérez, vous accablez votre entourage ou, au contraire, vous gaspillez inutilement votre énergie. Pire encore, vous pouvez apparaître alors aux yeux des autres comme un être stupide qui réagit trop violemment et qui utilise un marteau pour écraser une mouche ! L'exagération, même dans un domaine positif, est toujours nuisible. Du moins, c'est ce que l'on m'a appris à l'école.

Je fais de nouveau allusion à la prise de conscience nécessaire à la mesure de nos efforts permettant d'atteindre la performance optimale. Dans mon évaluation du retour sur investissement, c'est-à-dire l'effort nécessaire pour produire un résultat, je suis sincèrement convaincu que nous devons nous efforcer de produire un effort égal au besoin, ni plus ni moins. La vie est trop courte pour gaspiller notre énergie. Nous devrions économiser notre énergie pour la réserver à d'autres priorités.

Ceci me rappelle un client qui se plaignait de son patron qui lui répétait sans cesse, « vous faites trop d'efforts. » Il était totalement perturbé par ce commentaire. Il travaillait dur pour parvenir à atteindre ses objectifs et obtenir les résultats souhaités. Ses résultats étaient considérés comme supérieurs à la moyenne. Mais il ressentait la réflexion de son patron comme une incitation à la relaxation alors qu'il était très attaché à la qualité des résultats escomptés. Il s'agissait donc pour lui, d'un message ambigu.

Après avoir procédé à une certaine introspection par une série de questions, nous nous concentrâmes sur sa vision personnelle de la situation. Il comprit rapidement que, dans son désir d'atteindre les résultats escomptés, il laissait le stress obscurcir sa lucidité. Par moments, il s'énervait alors qu'il disposait des compétences, des capacités nécessaires pour réaliser un excellent travail. Il faisait trop d'efforts et cela nuisait au but recherché.

Nous élaborâmes un exercice de respiration qu'il devait effectuer chaque matin avant de se rendre à son travail. Le résultat fut magique ! En une semaine, mon client se sentit détendu et découvrit qu'il pouvait améliorer la qualité de son travail en produisant moins d'efforts. Il avait appris à utiliser le **BON DOSAGE**.

Personnellement je considère que la vie est beaucoup plus agréable lorsque nous ne sommes pas épuisés à la fin de notre journée. **LE BON DOSAGE** joue un rôle important à l'appui de cette approche. Il constitue le second pilier sur lequel s'appuie la performance optimale. Pour tous ceux qui cherchent à profiter davantage de la vie, je pense qu'il s'agit d'un point capital à considérer.

Au bon moment

Les deux premiers piliers sur lesquels repose la performance optimale nous permettent d'utiliser les ingrédients adéquats pour notre recette et d'appliquer le bon dosage afin d'obtenir le résultat recherché. Le troisième pilier – **LE BON MOMENT** – (moment opportun) n'est pas moins important. Si nous reprenons notre exemple de la confection du gâteau, nous disposons des ingrédients requis, nous les incorporons comme il faut, mais votre gâteau ne sera pas bien reçu si vous le servez au début du repas, alors que les convives attendent une bonne soupe. Un gâteau doit être servi au moment voulu. Vous comprenez ce que je veux dire.

Le troisième pilier requis pour parvenir à la performance optimale constitue un élément capital dans le cadre d'une approche systématique destinée à obtenir les meilleurs résultats possibles.

AïM, la Maîtrise de la vie

Si nous reprenons notre exemple de la conduite automobile, je suis sûr que vous saisirez immédiatement la synergie procurée par les trois éléments : action adéquate, bon dosage et bon moment. Si vous réagissez trop tôt, vous braquerez probablement votre volant trop tôt et trop violemment et vous vous retrouverez dans une situation délicate. De même, si vous réagissez trop tard vous serez probablement incapables d'éviter une collision. Le chronométrage de vos actions est d'une importance capitale. Mais ce troisième pilier est difficile à utiliser si votre seuil de conscience est bas. Pensez à l'importance du **bon moment** et vous augmenterez grandement vos chances de succès lorsque vous serez confronté à des obstacles.

Beaucoup de choses ont été dites et écrites en ce qui concerne la notion de temps. Mais, à mon avis, elle est trop souvent mal comprise et mal appliquée. Les trois piliers de la performance optimale, la bonne chose, le bon dosage et le bon moment (opportun), doivent se succéder précisément afin de créer un cadre d'action qui guide l'effort en direction d'une conclusion positive et optimum. On répète souvent que tout réside dans le « timing », c'est-à-dire qu'une action réussie doit se produire au moment opportun. Et, dans les domaines des affaires, de la finance, du sport, des jeux, des relations et même dans le cadre d'événements fortuits, il semble que le gagnant soit celui qui agit au bon moment. En conséquence, le troisième pilier sur lequel repose la performance optimale doit être considéré comme encore plus important que les deux autres.

Il y a de nombreuses années, j'exerçais la profession d'ingénieur. À cette époque, les prix de l'immobilier flambaient du fait du boum économique qui avait lieu dans l'ouest du Canada. Comme beaucoup de mes collègues, je cherchai alors à accroître mes actifs en faisant l'acquisition d'une maison, lorsque je m'installai à Edmonton. J'appliquais le

---

principe de la bonne chose et du bon dosage et achetai une maison en rapport avec mes revenus. Cependant, je ne choisis pas le moment opportun. Et, huit ans plus tard, lorsque je partis m'installer dans l'est, ma maison avait perdu environ 9 % de sa valeur originale. On pourrait invoquer l'excuse que cela fut le résultat de la situation économique mais, en réalité, le « timing » de mon opération, n'était pas bon. Si j'étais parti m'installer dans l'est du Canada trois ans plus tôt, comme le firent un certain nombre de mes collègues, j'aurais réalisé un bénéfice de 30 %.

En conclusion, même si ma définition ne correspond pas à votre appréhension du monde qui vous entoure, je tiens à vous garantir que si vous appliquez ma définition, **LA BONNE CHOSE, avec le BON DOSAGE au BON MOMENT**[MC] , vous obtiendrez des performances tout à fait inattendues.

La raison en est simple. En étant attentif à l'action, au dosage et au timing, vous devenez conscient de chaque situation et cela produit un impact direct sur la façon dont vous gérez cette situation. Cela focalise votre attention et augmente votre niveau de concentration. Cela vous permet également de puiser dans votre bagage de connaissances, de compétences, de capacités et de réflexion, de façon à pouvoir vous trouver en harmonie avec les circonstances. Vous diminuez vos dépenses d'énergie, vous limitez vos pertes émotionnelles, psychologiques, physiques et même spirituelles.

En agissant ainsi, vous utilisez beaucoup plus efficacement vos compétences, vos connaissances, votre expérience et vos capacités, pour parvenir au but recherché. Vous devenez alors un adepte de la PERFORMANCE OPTIMALE.

AïM, la Maîtrise de la vie

Un maître de la Performance Optimale

Je voudrais vous raconter l'histoire d'un client qui est devenu un adepte de la performance optimale. Les noms ont été modifiés afin de préserver son anonymat.

Il y a six ans, un homme s'adressa à moi de la part de l'un de mes clients. Marty était représentant pour une société de fabrication de parquets. Il cherchait à améliorer ses talents oratoires afin d'augmenter l'efficacité de ses argumentaires de vente. Connaissant mes talents de présentateur en temps que Toastmaster Avancé, mon client m'avait donc envoyé Marty, persuadé que je pourrais l'aider.

Comme à l'habitude, dans ma pratique de coaching, je mis en action le processus de la performance optimale : vision, mission, valeurs, buts, rôles, procédures et relations. J'ai aidé Marty à déterminer son but et définir ainsi sa motivation. Tout s'intégrait parfaitement avec mon approche systématique et structurée. Toutefois, Marty avait des problèmes personnels. L'un d'entre eux était constitué par Rachel qui ne partageait pas sa vision de la vie. À son crédit, Marty suivit mes conseils d'entraîneur, mit fin à sa relation sentimentale avec Rachel, adopta une attitude conforme à la recherche de la performance optimale et se mit au travail. Au fil du temps, je lui fournis idées et conseils pour un certain nombre de difficultés professionnelles, incluant un problème de personnel dans son équipe, et ainsi l'aider à définir ses ambitions personnelles pour exprimer la totalité de ses potentialités. De nombreuses étapes importantes furent franchies et, progressivement, Marty appris à maîtriser sa vie. Il devint également un excellent orateur public.

Aujourd'hui, marié à une femme merveilleuse qui l'accompagne harmonieusement tout au long de son parcours, Marty est père de deux enfants, est devenu directeur régional de sa société et a puisé une confiance extraordinaire dans son expérience et ses compétences. Il a même perdu du poids et est devenu un coureur de fond. Au printemps 2011, il participa à un demi-marathon et fut enchanté de ses résultats.

J'ai observé Marty, tout au long de son parcours et je l'ai vu s'améliorer sans cesse grâce à un entraînement intensif qui lui permit d'obtenir la maîtrise de son existence. Aujourd'hui, il a défini son but ultime, devenir son propre patron et diriger une affaire de financement immobilier. Il possède un certain nombre de propriétés et, sa femme et lui-même mènent une existence merveilleuse en leurs qualités de propriétaires et de gestionnaires de leurs biens.

Personnellement, je considère Marty comme l'incarnation parfaite de l'adepte de la performance optimale. Il a assimilé le processus, et il l'applique de façon continue en observant strictement le concept des trois piliers: **la bonne chose, avec le bon dosage, au bon moment**[MC]. Il y parvient grâce sa prise de conscience, sa lucidité, sa capacité à intérioriser, à intégrer et à respecter la clé permettant d'accéder à la maîtrise - l'entraînement constant et systématique.

Vous pouvez maintenant constater ce qu'est la PERFORMANCE OPTIMALE!

Régler votre boussole

Avant de lever l'ancre, un bateau doit déterminer son cap. Autrement, et comme le déclare justement le gourou de la performance et auteur bien connu, Denis Waitley[6], «... Si vous ne savez pas où vous allez, vous n'arriverez nulle part. » Et tous vos autres préparatifs auront été vains !

> « Nombreux sont ceux qui déclarent que la réalité est ce qu'elle est, mais mon expérience m'a prouvé exactement le contraire, à savoir que c'est nous qui créons notre réalité. »
> — **Asara Lovejoy**, auteure en potentiel humain

Dans le cadre de la performance optimale, la première étape consiste à déterminer la direction dans laquelle notre effort sera produit. Il s'agit là de la décision la plus cruciale pour réduire les pertes diverses. Un but clairement défini précède une action claire. Le point fondamental consiste à être certains de notre objectif en nous posant la question, « où est-ce que je veux me trouver à tel moment ? » Vous allez devoir décrire l'emplacement que vous souhaitez atteindre et déterminer le temps qu'il vous faudra pour obtenir ce résultat. Il vous faut commencer par établir le résultat désiré dans votre esprit.

Au cours de mes nombreuses années consacrées à gérer divers projets, à établir des plans pour mes employeurs ou à aider des organisations à améliorer la gestion de leurs ressources, j'ai acquis l'intime conviction que cette étape exige de l'imagination. Vous pourrez me dire que personne ne peut

---

[6] Waitley, Dr Denis. *The Psychology of Winning*, Programme Audio-cassette, Nightingale-Conant, 1990

prédire l'avenir. Mais, aussi étrange que cela puisse paraître, c'est justement cette capacité précise qui garantit une application efficace de notre effort. J'admets que certains changements se produiront, inévitablement. Mais si vous commencez par avoir une idée claire de ce que vous voulez obtenir, du but que vous voulez atteindre, vous agirez d'une façon qui augmentera vos chances d'atteindre ce but.

Le pouvoir de la visualisation

Combien de fois avez-vous vu quelqu'un parvenir à des résultats inattendus ? Combien de fois avez-vous observé des gens ayant réussi et avez-vous souhaité avoir autant de chance qu'eux ? Ou encore, vous êtes-vous jamais demandé comment ceux qui sont riches et célèbres sont parvenus à ce résultat ? Si vous examinez attentivement chacun de ces remarquables résultats, vous constaterez qu'ils sont tous liés à une vision précise du futur. Réfléchissez à la façon dont John F. Kennedy lança les USA en 1962 dans un projet d'exploration spatiale qui aboutit, le 21 juillet 1969, par le premier pas de Neil Armstrong sur la lune. Kennedy proclama sa vision selon laquelle un homme poserait le pied sur la lune à la fin des années 60. Cela est, désormais, entré dans l'histoire.

Rien ne peut se produire qui n'ait été, au préalable, imaginé. Pensez à votre expérience personnelle. Vous est-il jamais arrivé de vous retrouver dans un lieu exotique sans avoir, au préalable, rêvé de vous retrouver dans ce lieu ? Pour cela, n'avez-vous pas rêvé de vous retrouver dans ce lieu, n'avez-vous pas fait des plans, économisé de l'argent et étudié tous les détails afin de pouvoir réaliser votre rêve ? Trop souvent, nous nous retrouvons là où nous préférerions ne pas être. Trop souvent, nous oublions que ce sont nos pensées, notre imagination qui nous ont menés là où nous sommes. Tout ce que nous pensons se concrétise dans notre propre réalité.

Que vous le vouliez ou non, nos pensées se matérialisent. Comme le déclare Denis Waitley, « vous obtenez ce que vous vous préparez. »

Supposons qu'un résultat souhaité s'obtienne si nous l'imaginons de façon claire. Bien entendu, nous n'avons aucune garantie d'obtenir le résultat souhaité. Mais, si nous utilisons le concept de la **TRACTION**, il nous sera plus facile d'oeuvrer dans le bon sens. Cela créera sur vous un effet d'attraction permanente en direction de la vision clairement définie du futur que vous avez élaborée.

Ainsi, grâce à cette traction, vous dépenserez beaucoup moins d'énergie en étant tiré vers votre but. Voilà ce qu'une vision claire de votre but vous permettra de réaliser. Elle vous tirera, vous attirera, stimulera votre action, tout en vous permettant de rester concentré sur ce qui vous sera nécessaire pour atteindre votre but.

Permettez-moi de vous donner un exemple tiré de ma propre expérience.

Il y a de nombreuses années, j'ai décidé de travailler avec des athlètes de niveau professionnel. J'imaginais de les aider à améliorer leurs performances en intégrant une préparation mentale au sein de leur entraînement professionnel. Il me fallut plus de 10 années d'efforts constants, dans le cadre du programme d'entraînement de l'équipe de football de l'université d'Ottawa, pour parvenir à mon but.

En 2000, notre équipe remporta le championnat national ce qui permit à l'entraîneur de notre équipe de se forger une excellente réputation. Il obtint rapidement un emploi au sein de la ligue professionnelle de football canadien. Lorsqu'il fit appel à mes services pour entraîner l'un de ses athlètes, mon rêve devint réalité. Mais si je n'avais pas créé la vision de ce jour de triomphe, je n'aurais pas eu la motivation pour travailler avec des athlètes d'université pendant aussi longtemps. N'oublions pas que mon travail, dans le cadre du programme d'entraînement de l'équipe de football universitaire, était et est encore un travail bénévole.

Donc, il est indispensable d'avoir une vision claire de ce que vous souhaitez obtenir, afin de minimiser vos efforts et d'augmenter vos chances de parvenir au résultat recherché. Si nous réfléchissons calmement à notre existence, je pense que nous serons tous d'accord sur le fait que rechercher les moyens de réduire nos efforts quotidiens vaut la peine d'y réfléchir.

Pourquoi ne pas transformer cette recherche en jeu, et nous entraîner à visualiser clairement tous les buts et tous les objectifs qui méritent notre attention ? Il est possible que vous parveniez à exceller dans la visualisation créatrice qui créera le dynamisme nécessaire. Votre existence en sera facilitée. Cela fera de vous un adepte de la performance optimale !

Bien entendu, afin de créer cette dynamique, votre vision doit être irrésistible. Elle créera en vous un élan qui vous permettra de foncer vers le but désiré, quels que soient les obstacles qui se dresseront sur votre route. Pour rendre cette vision réaliste, vous devrez puiser au sein de vos meilleurs souvenirs et expériences, afin de déclencher ce qui vous stimule.

Ce sont les caractéristiques positives de ces souvenirs ou expériences qui vous permettront de faire appel aux éléments qui provoquent en vous de profondes émotions. Rappelez-vous que la motivation vient de l'intérieur. Personne ne sait mieux que vous ce qui est capable de provoquer en vous un irrésistible désir de réussir.

Si ce genre d'exercice vous est étranger, vous trouverez, à l'annexe 1, quelques indications sur le concept et un exemple de visualisation créatrice.

Vous pouvez aussi utiliser les recommandations suivantes pour déclencher votre visualisation en direction de l'objectif futur désiré. Reportez-vous à ces recommandations et suivez-en les directives afin de créer en vous une vision créatrice irrésistible.

Règles pour créer une vision

Mon travail auprès de nombreux clients ainsi que l'expérience acquise au fil du temps m'ont appris qu'afin de pouvoir garantir l'efficacité d'une pensée stimulante, il fallait que cette dernière soit créée selon un processus bien défini. J'ai nommé ce processus la **Règle des 3P**[MC] de la création d'une vision. Pour que votre vision provoque un résultat optimum, elle doit atteindre votre cerveau subconscient et éviter de créer des barrières d'automatismes, c'est-à-dire des mots qui influent négativement sur votre subconscient.

Vous devez vous rappeler que la création de schémas de pensée par la répétition d'affirmations constitue la base fondamentale de la programmation de votre esprit. C'est ce qui se produit lorsque vous vous parlez à vous-même, de façon continue. C'est pourquoi vous devez être très attentif à n'utiliser que des mots stimulants et non pas des mots qui vous figent dans la négativité.

Une autre considération importante dans le cadre de la création de votre vision, c'est que celle-ci doit être

---

suffisamment éloignée pour vous stimuler mais pas hors de portée. Ce type d'approche vous permet de rester concentré sur votre but et garder le cap.

Les spécialistes de ce genre de recherche suggèrent que le but souhaité devrait se situer dans un futur éloigné de 5 à 10 ans. Les raisons de ce laps de temps sont claires. Dans le cadre d'un avenir suffisamment éloigné, tout est possible. Par contre, un avenir immédiat vous incitera à trouver diverses objections à la réalisation de votre but. Un avenir situé dans quelques années vous procure le temps d'agir et ne vous décourage pas, même s'il semble quelque peu lointain. En outre, en visualisant un futur suffisamment éloigné, vous permettrez à votre vision de s'enrichir par votre réflexion et par les modifications qui surviendront dans la réalité.

La Règle des 3P[MC]. Il s'agit de trois éléments que vous devez absolument considérer lorsque vous élaborez votre vision du futur : **P**ersonnelle, **P**résente, **P**ositive.

Tout d'abord, pour être efficace, votre vision doit être **personnelle**. En effet, souhaiter qu'une certaine personne modifie son comportement aura peu de chances de se concrétiser ou, au minimum, de se produire dans le laps de temps souhaité. Nous ne pouvons apporter des modifications qu'en nous-mêmes. Donc, rappelez-vous que chaque affirmation positive devrait commencer par le pronom personnel, « je » et ne concerner que vous-même. L'objectif consiste à déclencher en vous des transformations positives et à vous inciter à accomplir ce qui est nécessaire pour atteindre le but fixé dans votre esprit.

Par exemple, un énoncé de vision qui fonctionne bien pour moi consiste à répéter, « j'ai confiance en moi pour affronter le défi constitué par cette obligation contractuelle. » De temps en temps, des clients me demandent d'accomplir une mission qui m'oblige à étirer les limites de mes connaissances et de mes compétences pour pouvoir satisfaire ces clients. En me répétant que je peux réussir, je lève les doutes qui pourraient faire obstacle à ma créativité et je parviens à trouver la solution adéquate en réponse au défi qui m'est lancé.

L'année dernière, l'un de mes clients m'a demandé d'effectuer un sondage d'opinion au niveau national auprès de l'ensemble de ses milliers d'employés afin d'élaborer un énoncé de philosophie de gestion du personnel et un énoncé d'engagement de la part du leadership. A priori, cela m'a semblé être une tâche impossible. Toutefois, après avoir rapidement considéré le produit potentiel final, j'eus bientôt une idée de la façon de procéder pour y parvenir. Une vision prospective du produit final me permit d'utiliser mon expérience et mes compétences pour définir une méthode susceptible de produire les résultats recherchés.

Non seulement l'énoncé doit-il être personnel, mais il doit aussi assurer que nous dirigeons notre subconscient vers le but souhaité. Puisque notre cerveau subconscient ignore la différence existant entre ce que nous imaginons et la réalité, nous pouvons utiliser cette faculté pour créer des pensées concernant des événements qui apparaissent comme s'étant déjà produits.

C'est pourquoi, le **présent** constitue le second élément de votre pratique de l'élaboration d'une vision du futur. Cela attire votre cerveau subconscient vers la réalité que vous semez dans votre esprit. Il se peut que cette réalité ne se soit pas encore produite mais si vous voulez que votre subconscient vous attire vers votre vision, vous devez semer l'idée que le futur souhaité s'est, d'ores et déjà, produit. En fait, cela revient à duper votre subconscient afin qu'il recherche le résultat escompté et qu'ainsi, il crée une dynamique interne en direction de votre vision.

Le troisième élément de la règle exige que l'énoncé soit composé par des affirmations **positives.** Ce sont les pensées positives qui provoquent les actions positives. Je vais vous donner un exemple. Si vous vous efforcez d'arrêter de fumer vous obtiendrez des résultats optimum en utilisant l'affirmation, « je suis non-fumeur. » Cela sera plus efficace que de dire, « je ne fume pas. »

Votre cerveau, de la façon dont il fonctionne, aura tendance à appréhender le mot d'action « fume » ou « suis », expressions positives, plutôt que l'expression négative. Pour cette raison, chaque mot utilisé devrait impliquer une action positive afin que votre subconscient soit nourri sainement. Sur ce plan, le cerveau subconscient est semblable à un jardin. Il n'y pousse que les pensées que vous y avez semées. Semblable à un jardin où poussent de jolies fleurs si l'on y a semé de bonnes graines, votre cerveau créera en vous une image mentale positive si vous y avez, vous-même, semé des pensées positives. Les pensées négatives créent un esprit négatif. Éviter de planter de mauvaises graines !

Vous vous demandez probablement si tout ceci fonctionne véritablement.

Permettez-moi de vous donner un exemple personnel.

Il y a longtemps, je contemplais des photos des pyramides d'Égypte. J'étais fasciné par les mystères entourant l'une des sept merveilles du monde. Je caressais le rêve de les visiter. Je me voyais déambulant autour d'elles, les explorant et découvrant les miracles de ces anciennes constructions (cela était dû à mon passé d'ingénieur.)

Ce rêve était bien présent. J'y ai repensé occasionnellement et j'ai même rêvé aux pyramides, dans toute la complexité de leurs détails, visualisant même les chameaux autour du Sphinx.

Puis, en 1988, comme si le destin avait voulu que mon rêve se réalise, des amis récemment en poste au Caire, en Égypte, m'invitèrent à leur rendre visite. J'organisai le voyage et pris un vol du Canada jusqu'à Paris. Là, j'embarquai sur un autre vol à destination du Caire où je fus accueilli à bras ouverts.

Non seulement mes amis m'introduirent-ils aux particularités de l'Égypte mais, ayant mis un chauffeur-guide à ma disposition, je pus me rendre à l'ouest du Caire visiter les Grandes pyramides puis remonter la vallée du Nil jusqu'à Saqqarah afin d'admirer la pyramide à degrés de Djoser et visiter les tombes des taureaux sacrés. J'ai eu également le privilège de visiter Alexandrie au nord de l'Égypte, à l'embouchure du Nil sur la mer Méditerranée. Je me rendis même au fameux marché du Caire où je fis l'acquisition de souvenirs qui me ravissent toujours aujourd'hui.

Ce fut pour moi la preuve spectaculaire de l'efficacité de la vision créatrice.

Maintenant, faites une pause et réfléchissez quelques instants à votre propre existence. N'est-ce pas ainsi que tout se déroule dans votre vie ? Avant de vous rendre dans un restaurant, vous réfléchissez à ce que vous aimeriez manger puis, vous créez le désir de consommer cette nourriture. Si vous envisagez de profiter de votre passe-temps favori ou de rencontrer certains de vos amis, etc., vous y pensez tout d'abord de façon positive, vous visualisez le plaisir que vous en retirerez, comme si tout cela s'était déjà produit. Ensuite, vous décidez d'agir dans ce sens et, finalement, c'est ce qui se produit. Mais si vous n'éprouvez qu'un désir tiède et mitigé à cette perspective, vous renoncerez probablement à votre projet car celui-ci ne vous aura pas suffisamment **ATTIRÉ**.

Les événements que vous visualisez et ressentez comme désirables vous fourniront la motivation nécessaire pour surmonter toutes les barrières qui pourraient vous empêcher de les vivre. C'est aussi simple que cela.

Créer une vision du futur, provoquer une puissante attraction pour un but recherché, puis agir positivement et efficacement afin de s'assurer d'atteindre le but visé, tout cela se produit continuellement.

Simplement, nous ne sommes pas conscients du processus qui se déroule dans notre tête et dans notre coeur. Élaborer une vision irrésistible consiste, essentiellement, à prendre conscience du

> Vous pouvez, bien sûr, copier ce que vous voyez, mais il vaut beaucoup mieux dessiner ce que vous percevez dans votre esprit… En effet, dans ce cas, votre mémoire et votre imagination sont libérés de la tyrannie imposée par la nature.
> - Edgar Degas

pouvoir dont vous disposez pour forger votre propre destin et agir pour vous assurer que vous atteigniez bien le but visé.

Il n'y a pas de mystère. Nous disposons tous d'une capacité innée de forger notre avenir de façon délibérée. En définitive, le choix nous appartient. N'importe qui peut décider de son avenir s'il le souhaite véritablement !

En fait, il s'agit de régler votre boussole de telle sorte qu'elle vous indique toujours le Nord authentique, qu'il pleuve, qu'il fasse de l'orage ou qu'il fasse beau (car la vie traverse parfois ces conditions). Ainsi, vous ne vous égarerez jamais dans les méandres des difficultés et des tribulations qui ne manqueront pas d'apparaître pour vous détourner de la direction que vous avez choisi de suivre. Une vision puissante, irrésistible, constituera le phare qui vous aidera à garder le bon cap, qui réduira les virages coûteux qui jalonnent votre route lorsque votre vision n'est pas suffisamment claire.

Il serait peut-être utile de discuter un peu de la création d'une vision du futur, tâche qui peut vous paraître quelque peu décourageante. Vous pensez peut-être, « j'ignore absolument où je veux être dans 5 ou 10 ans. »

Je suis persuadé que, comme beaucoup d'entre nous, vous vous laisser gagner par la crainte. Et si je ne parviens pas à mon but ? Et si quelque chose se produit qui détruise ma vision et rende sa matérialisation impossible ? Et si je change d'avis et n'éprouve plus le désir d'atteindre ce but ?

Et bien justement, c'est la raison pour laquelle votre vision doit se projeter dans 5 ou 10 ans d'ici !

Vous disposez alors de suffisamment de temps pour procéder aux ajustements, aux rectifications nécessaires ou pour faire marche arrière. Ce qui importe, dans votre vision du futur, ce n'est pas de vous maintenir à tout prix sur une voie donnée mais, plutôt, de libérer l'énergie qui est en vous pour foncer en direction de votre destin.

Quelqu'un a dit un jour, « si vous ne visez pas, vous atteindrez rarement votre cible. » Et si nous manquons notre cible, c'est essentiellement parce que nous ne canalisons pas notre énergie vers un but précis. En ce qui me concerne, j'appelle cela du gâchis. Et la vie est trop courte pour la gâcher. Vous devez, désormais, penser de façon à optimiser vos efforts en vue de produire les résultats recherchés.

Croyez et vous verrez

La puissance de la croyance (et son impact sur nos actions) et la façon dont elle nous guide vers les résultats recherchés, sont tout à fait incroyables. Si établir votre parcours et viser un but précis sont indispensables, il n'en reste pas moins que, sans l'énergie nécessaire, vous perdrez votre temps!

Par exemple, en 1986, j'ai voulu participer à une course relais de 290 km, entre Jasper et Banff, en Alberta, au Canada. J'avais déjà couru sur 5 et 10 km mais cette course impliquait 2 relais de 15 à 25 km, sur deux jours, et sur des routes montagneuses. Le désir de participer à cette expérience me stimula pour m'entraîner et me préparer physiquement et mentalement pour cette course. Lors de cette course, je réalisai mes meilleurs temps et me sentis extrêmement fier d'avoir accompli ce que j'avais projeté de faire. J'étais persuadé de pouvoir y parvenir et j'y parvins !

Comme nous l'avons vu, la concentration représente la principale source de motivation. Concentrez votre attention sur l'état physique ou émotionnel auquel vous souhaitez parvenir et, progressivement, vous développerez en vous une profonde motivation qui vous permettra d'atteindre cet état. C'est la loi de l'attraction qui entre en action. Toutefois, quel que soit votre désir d'agir, votre action ne sera véritablement significative que si vous êtes persuadé que cette dernière vous procurera du plaisir. La foi se construit par la visualisation répétée des bénéfices qu'elle procure. C'est aussi simple que cela, même si cela vous semble incroyable ! La croyance augmente proportionnellement à l'intensité de la concentration que vous accordez au bénéfice procuré par le résultat recherché.

> *La croyance augmente en proportion à la concentration sur le bénéfice recherché.*

Cela ressemble au concept de l'oeuf et de la poule. Vous éprouverez du désir et ressentirez une grande motivation si vous parvenez à imaginer le résultat. Si vous imaginez le résultat, cela implique une concentration plus profonde, plus intense.

Une intense concentration crée le désir (motivation nécessaire pour agir de façon à produire un bénéfice). Plus vous pratiquez la visualisation, plus vous développez votre croyance en vos capacités. Plus votre croyance augmente, plus vous êtes motivé pour agir afin d'obtenir le résultat recherché. Et plus vous agissez, plus vous matérialisez l'expression de votre désir, vous permettant ainsi d'en arriver au résultat final.

Exhaustive et inspirante

Comme pour toute chose que nous considérons et pour laquelle nous éprouvons un attachement ou même un amour, notre vision ne deviendra véritablement irrésistible que si elle est « exhaustive et inspirante ».

Exhaustive
Je voudrais définir ce terme. Lorsque vous créez votre vision, vous ne devriez pas oublier qu'en votre qualité d'êtres humains, vous êtes une entité holistique. C'est-à-dire que vous êtes un être à la fois physique, émotionnel, mental, psychologique et spirituel. Tous les aspects de votre personne sont regroupés, qu'il s'agisse du domaine social, communautaire, financier, familial, professionnel, physique, émotionnel, relationnel, expérimental, intellectuel, etc.…

En votre qualité d'individu qui doit tenir compte de toutes ces dimensions, il est judicieux que vous preniez un peu de temps pour réfléchir à ce que sera votre vision.

Il est donc évident, si vous devez créer une vision du futur puissante, que vous devrez inclure certains détails concernant tous ces aspects afin de pouvoir doser vos efforts de façon équilibrée. Autrement, il est possible que tout se passe bien au début, mais, rapidement, vous découvrirez que vous êtes en situation de déséquilibre et mal à l'aise. Cela peut même se transformer en stress qui vous semblera inexplicable.

Les détails que vous inclurez dans votre vision devront définir clairement et précisément le but recherché afin que vous puissiez guider votre subconscient pour qu'il crée la **TRACTION** qui vous mènera à votre destination, et éviter d'avoir à **POUSSER** pour vous y rendre.

Inspirante
Comme nous l'avons vu précédemment, même si vous disposez des meilleurs conseils, vous ne ressentirez pas les émotions qui vous seront nécessaires simplement par des mots creux qui ne produiront aucun effet sur vous. Votre énoncé de vision doit utiliser des mots qui vous font réagir, qui vous donnent la force nécessaire pour être le meilleur, qui vous placent dans un état émotionnel qui vous aide à vous battre pour atteindre votre but.

Voici quelque chose qui marche très bien pour moi. Lorsque je veux me motiver intensément, à n'importe quel moment, j'utilise des mots et des expressions tels que, « puissant, pouvoir, possibilité, gagner, libération de toutes mes capacités, donner libre cours à ma créativité, à mon dynamisme, m'efforcer d'être le meilleur, fournir les efforts nécessaires, persister, tenir bon jusqu'à la fin, finir très fort… » Toutes ces expressions, tous ces mots incitent à l'action et ordonne à mon subconscient de se mettre en marche, de s'aligner sur le but choisi et de produire l'énergie nécessaire pour atteindre mon but.

L'**inspiration** est une qualité qui touche également la partie émotionnelle de votre être. Par exemple, vous pouvez vous dire, « je suis concentré et utilise mon énergie pour vaincre les obstacles. » Cependant, si vous utilisiez des mots qui feraient appel à vos émotions, cette formule serait beaucoup plus puissante et efficace. Ainsi, vous pourriez reformuler cette phrase de la façon suivante, « je m'efforce de rester totalement concentré et cela me donne la force de vaincre tous les obstacles qui se dressent sur la route qui me mène au succès. »

Au début, il se peut que vous soyez sceptique mais, si vous fermez les yeux, si vous prenez quelques profondes respirations et si vous répétez cette phrase avec conviction et émotion, vous noterez très rapidement une différence.

Les mots remplis d'inspiration touchent votre subconscient et le mettent en mouvement. Au final, nous accomplissons ce que nous avons décidé d'accomplir, uniquement lorsque nous sommes suffisamment inspirés pour provoquer un élan puissant ressenti dans tout notre corps.

Dans le cadre de la maîtrise de notre vie, la vision est un élément capital du travail à faire pour établir la direction que nous souhaitons prendre. Tout commence par le réglage de notre boussole et se poursuit par la détermination de la route que nous souhaitons emprunter. Une description détaillée et claire de notre but augmentera la précision de notre boussole. Afin de créer l'impulsion maximale, vous serez bien avisés d'inclure des mots remplis d'inspiration qui atteindront votre subconscient et créeront la **TRACTION** destinée à une exécution « à moindre effort ».

En définitive, la vie est beaucoup plus agréable lorsque vous n'avez pas à fournir tant d'efforts.

Régler votre boussole grâce à une vision irrésistible, exhaustive et exaltante, contribuera grandement à rendre votre vie beaucoup plus agréable.

La puissance de la vision en action

Je voudrais vous faire part de l'histoire de Ken, l'un de mes clients de coaching, afin de démontrer la puissance d'une vision irrésistible (les noms ont été modifiés pour protéger l'anonymat des personnes en cause.)

Il y a plusieurs années, j'ai rencontré Ken par l'intermédiaire d'une relation commune. C'était un homme d'affaires avec peu de réussites qui caressait le rêve de devenir un jour coach professionnel dans la ligue nationale de football (LNF). Cependant, son rêve semblait très éloigné de la réalité. Il avait joué au football américain universitaire et avait été coach pour des équipes mineures mais il était très éloigné de son but qui paraissait inaccessible.

Rome ne s'étant pas faite en un jour, Ken consacra quelques années à stabiliser sa vie personnelle, rompant une relation affective destructrice pour vivre un nouvel amour basé sur une communauté d'objectifs. Il se maria et eut deux enfants. Il cessa de courir les partys et se consacra à la recherche d'un but dans la vie. Pleinement conscient des efforts qu'il avait dû fournir pour parvenir à son statut actuel, Ken élabora une vision de l'existence dans laquelle il était coach d'une équipe de la LNF. Il conçut un plan extrêmement détaillé susceptible de l'aider à grimper les échelons du succès.

À la suite de cela, il réussit à assumer des fonctions de plus en plus élevées jusqu'à parvenir à la position de coach en chef, dans une équipe professionnelle au Canada. Durant ce parcours, et guidé par sa vision irrésistible, il franchit les diverses étapes requises et rencontra les personnes qui l'aidèrent à réaliser son rêve. Sur la voie qu'il s'était tracée, pour lui-même et sa famille, il découvrit progressivement les moyens lui permettant d'obtenir les résultats qu'il avait visualisés.

Aujourd'hui, il est au seuil de sa position rêvée, celle de devenir coach dans une équipe de la LNF. Son parcours tortueux exigea une concentration et une détermination sans faille. Parfois, il eut même l'impression de régresser. Mais, une chose est sûre, sa foi profonde en la volonté du Seigneur (il est grand croyant) et une confiance totale en sa capacité à vaincre les obstacles dressés sur sa route, l'ont amené tout près des lumières convoitées.

Il fut guidé par une vision irrésistible qui l'**ATTIRA** progressivement vers le but recherché. Il est maintenant tout près d'obtenir la récompense promise. En l'accompagnant comme coach, j'ai pu l'observer et me convaincre que tout est possible à celui qui parvient à se concentrer fortement sur une vision stimulante et irrésistible.

Après des années d'observation de la puissance d'une vision claire et ciblée poursuivie par nombre de mes clients en affaires et dans le sport, je suis convaincu, sans l'ombre d'un doute, que « vous y parviendrez si vous y croyez. »

Stimuler votre motivation

Le mot « émotion » est du latin «motus » – l'action de mouvoir, et le préfixe « é », du latin « ex » – hors de. Émotion veut donc dire mouvement hors de. Nos émotions nous activent. Sans émotions, nous demeurons stationnaires, en quelque sorte inanimés. Nos émotions sont le carburant qui alimente notre motivation. Une bonne compréhension de la nature de notre motivation nous aide à fournir l'effort optimum.

Non seulement est-il crucial de savoir où vous allez, mais il est également très important de savoir **pourquoi** vous prenez cette direction !

Définir clairement la raison de cheminer vers votre vision constitue la seconde étape dans votre quête de la performance optimale.

La motivation vient de l'intérieur

Il est généralement admis que la motivation est provoquée par des stimuli extérieurs tels que des choses, des personnes ou des événements. En fait, la motivation est le résultat des émotions qui ont jailli après que nous ayons interprété ces stimuli extérieurs. Nos émotions sont issues de nos pensées, de l'attribution d'un sens aux stimuli. Ceux-ci agissent seulement comme déclencheurs.

Avant de pouvoir ressentir quoi que ce soit, nous devons nous concentrer sur l'événement, la personne, la chose, l'expérience… qui déclenchera notre émotion. Avez-vous remarqué que si votre cerveau ne parvient pas à retrouver d'information passée relative à cet événement…, il sera incapable de comprendre et interpréter ce stimulus. En conséquence, il lui sera impossible de provoquer une émotion associée à ce stimulus.

Prenez par exemple un instrument dangereux. Si vous n'en connaissez pas la nature, il n'apparaîtra aucunement dangereux. Par contre, si vous avez déjà eu une expérience douloureuse, comme pour moi avec la tronçonneuse, vous serez au moins porté à faire plus attention dans son utilisation, sachant que des conséquences graves sont possible dans son opération.

Ainsi, votre subconscient peut associer une certaine expérience et un événement déterminé grâce à sa mémoire de longue durée. Dans une telle situation, vous serez forcé d'évaluer la situation nouvelle et de lui attribuer une signification (une représentation mentale). Et, en fonction de l'interprétation que vous attribuerez au stimulus extérieur, vous créerez une « sensation », une émotion. Quelle que soit l'information que votre cerveau associera à un stimulus déterminé, qu'il s'agisse de tristesse ou de joie, de colère ou de sérénité, de dynamisme ou de relâchement, vous ressentirez cette émotion.

Cela s'appelle le principe « douleur-plaisir ».

> Le principe « douleur-plaisir »
> On s'éloigne de la douleur;
> On tend à se rapprocher du plaisir.

Votre interprétation du stimulus déterminé vous procurera, soit un signal de douleur qui vous incitera à vous en éloigner ou un signal de plaisir qui vous incitera à vous en rapprocher. Sachant que nous sommes des êtres émotifs, nous attribuons toujours une explication émotionnelle à ce qui se passe autour de nous ainsi qu'aux pensées qui nous viennent à l'esprit. Et ce principe ne disparaît qu'à notre mort. Si vous y réfléchissez, vous constaterez que chaque instant de votre existence éveillée est animé et motivé par vos sensations et émotions. La prise de conscience de ce principe et les leçons assimilées grâce à lui peuvent vous aider à mieux vous concentrer dans votre application du principe de la performance optimale, **la bonne chose, avec le bon dosage, au bon moment**[MC].

Par exemple, il est fort probable que vous avez réagi en visionnant les images télévisées du tremblement de terre et du tsunami ayant frappé le Japon, en mars 2011.

Il était impossible de rester indifférent à la vue des voitures, des maisons et des bateaux balayés par les eaux. Nous avons même vu certaines personnes tentant d'échapper aux vagues qui les rattrapaient. Ces scènes d'horreur furent extrêmement pénibles à supporter, même à des milliers de kilomètres de distance. Au plus profond de nous-mêmes, nous avons ressenti une intense compassion pour toutes ces personnes et nous n'avons pas manqué de penser, « quelle chance nous avons de pouvoir échapper à de tels désastres ! Dieu merci, nous vivons ici. Je ne voudrais pas me retrouver là-bas car j'ignore comment je réagirais… » Puis, nous nous sommes demandés comment nous pourrions aider toutes ces personnes, comment nous pourrions contribuer à l'atténuation de ces souffrances. À la pensée de toutes ces pauvres gens, nous avons peut-être été incités à agir, à apporter une contribution financière aux fonds d'aide aux victimes.

La motivation est toujours à l'oeuvre. Que nos émotions, nos sentiments soient positifs ou négatifs, ils seront toujours associés à une action précise. Cette dernière ne sera peut-être pas toujours celle que nous souhaiterions, mais, cependant, il y aura toujours une réaction. C'est ainsi que nous sommes faits.

S'il est naturel qu'un sentiment ou une émotion soit créée lorsque nous interprétons le stimulus qui en est la cause, pourquoi ne pas apprendre à bien utiliser ce principe (ou ce mécanisme) pour notre plus grand bénéfice ?

Pourquoi ne pas prendre conscience de la façon dont nous réagissons aux situations, pourquoi ne pas analyser l'émotion provoquée par tel événement ou stimulus et ainsi, déterminer plus efficacement la façon dont nous avons tendance à réagir à cette occasion ? Cela pourrait peut-être nous servir de point de départ pour identifier ce que nous devons modifier dans notre façon de penser, dans notre façon de voir les choses, afin qu'en définitive, nous soyons capables de canaliser nos réactions émotionnelles. Pensez-y...

Nous entendons certaines choses qui ne correspondent pas à nos croyances et à notre système de valeurs à peu près à tous les jours. Nous nous disons, « ils ont tort ! » Pendant quelques minutes nous sommes furieux en constatant que le monde devient fou. Une grande partie de notre énergie mentale et émotionnelle est dépensée en arguments démontrant que ces gens-là ont tort et qu'ils nous mènent tout droit à la catastrophe ! En définitive, nous avons dépensé notre salive en vain car notre colère ne créera aucune différence sinon d'avoir ennuyé notre entourage ou, pire encore, donné à un étranger, l'impression que nous sommes émotionnellement instables !

Ce ne sont pas les propos tenus par certaines personnes qui ont provoqué notre colère. Ce sont nos pensées profondes, nos valeurs personnelles qui ont interprété ces propos et les ont considérés comme « erronés ». La motivation qui nous a fait réagir est venue de l'intérieur de nous-mêmes et non pas de l'extérieur.

J'aimerais, toutefois, vous rassurez en vous disant que, même si vous essayez, vous ne parviendrez jamais à éliminer totalement vos bouleversements émotionnels !

Je ne dis pas que vous devriez vous transformer en robot. Après tout, vous êtes un être humain et les émotions sont tout à fait naturelles. Ce que j'essaye de vous expliquer, c'est que vous pouvez augmenter le niveau d'excellence de vos performances en réalisant que vos sentiments (vos émotions) vous sont personnels et que personne ne peut les affecter, sans votre consentement. Vous pouvez déterminer vos sentiments. Vous pouvez choisir vos réactions. Vous pouvez décider de choisir « **la maîtrise de la vie** » ! Le choix est entièrement le vôtre.

Vos raisons sont vos raisons

J'imagine ce à quoi vous devez penser, en cet instant. En effet, il est difficile d'accepter que ce que vous ressentez n'est que le fruit de vos pensées. Bien entendu, cela contrarie notre tendance naturelle qui consiste à accuser les autres de ce qui nous arrive. Néanmoins, quelle que soit la façon dont nous considérions ce problème, en définitive, nous sommes toujours responsables de ce que nous ressentons.

Changeons donc le cap de nos pensées. Voyons ce que nous avons le pouvoir de faire en ce qui concerne nos sentiments. Fréquemment, certaines personnes critiquent notre façon de ressentir les choses. On nous dira, « vous n'avez pas le droit de penser cela. » Ou encore, certains s'interrogeront sur la raison de nos sentiments. Il est évident que ces gens-là n'ont aucune idée de ce qui a pu créer les sentiments que nous avons exprimés.

En réalité, il s'agit de raisons personnelles. « Vos raisons sont vos raisons. »

Analysons cela. Nous sommes tous originaires de milieux différents : nos expériences de la vie sont différentes, nous avons reçu des éducations différentes, nos environnements respectifs sont différents, nos milieux culturels, nos centres d'intérêts sont différents... Un dicton précise que « nous n'avons qu'une seule chose en commun, c'est que nous sommes tous différents ! »

> *Nous n'avons qu'une chose en commun.*
> *Nous sommes tous différents.*
> - **Robert Zen**

Trop souvent, des problèmes de cette nature surgissent dans notre entourage; le drame prend place lorsque cette réalité est oubliée.

En effet, au lieu de comprendre que nous avons tous une perception des choses différente, nous avons tendance à considérer comme « erroné » le point de vue des autres. Cette réaction est due au fait que notre réalité est filtrée par nos propres critères, sans tenir compte des leurs. Dès lors, il est inévitable que se créent des frictions, sinon des désaccords, avec pour résultat le refus de prendre en compte les sentiments ou les réactions des autres. Nous repoussons, analysons, jugeons et apposons l'étiquette « tu fais erreur ». Ceci nous amène à rejeter l'autre, sur la base d'un sentiment (d'une motivation).

Pourtant, vos raisons sont vos raisons. Et, à moins que quelqu'un vous fournisse des informations ou des éléments précis vous permettant de changer d'avis en fonction du stimulus considéré, vous avez le droit d'avoir vos propres sentiments et votre motivation est tout à fait valide.

Parfois, il se peut que vous doutiez du bien-fondé de vos raisons. Dans ce cas, vous reculerez, et n'insisterez pas sur la validité de vos opinions.

> « Le ressentiment, c'est tout comme prendre du poison et attendre que l'autre personne en meure. »
> - Malachy McCourt

Malheureusement, au bout d'un certain temps, le ressentiment apparaîtra, ressentiment envers l'autre ou ressentiment envers vous-même. À la fin, vous deviendrez votre pire ennemi.

Votre amour-propre en sera affecté et vous perdrez l'avantage que vous procure la performance optimale. Vous continuerez à supporter le poids de l'impression que vos sentiments ne sont pas légitimes. Bien entendu, ce sera votre choix mais, globalement, vous ferez tarir la source de l'énergie qui vous permet d'aller de l'avant. L'incertitude que vous aurez subconsciemment créée agira comme un obstacle limitant l'exploitation optimale de vos potentialités.

En conclusion, c'est uniquement de vous que dépend la motivation nécessaire à l'accomplissement d'un effort. Vous ne devez jamais oublier que vous risquez d'attendre longtemps si vous comptez sur quelque chose ou sur quelqu'un pour déclencher votre motivation !

Vous disposez du pouvoir vous permettant de vous motiver. La prise de conscience en est l'élément essentiel. Et, plus vite vous déciderez de chercher en vous-même pour reconnaître les raisons de votre motivation, plus vite la puissance de la motivation interne croîtra et deviendra une seconde nature. Vous deviendrez capable de stimuler votre motivation à volonté.

Bons jours, mauvais jours

Combien de fois avez-vous entendu quelqu'un dire, « tout va mal aujourd'hui », ou encore, « tout va très bien » ?

En ce qui concerne les adeptes de la performance optimale, tous les jours se ressemblent ! Et il est impératif que toutes vos journées soient positives et vous soient bénéfiques, peu importe leur qualité. Autrement, votre motivation en sera affectée et votre dynamisme peut vous faire défaut dans les pires moments.

Voyez-vous, quelle que soit votre activité au cours d'une journée bonne ou mauvaise, vous avez la responsabilité d'en tirer le plus grand profit. Bien entendu, si vous n'êtes pas convaincu que tout ce qui vous arrive est la conséquence de vos actions ou de votre passivité, vous invoquerez toutes sortes de raisons externes pour expliquer vos mauvais résultats.

Vous avez libre choix et, de ce fait, je vous accorde que vous êtes libre de considérer telle ou telle journée comme bonne ou mauvaise. Mais, en définitive, ayant choisi de me concentrer sur la performance optimale et la maîtrise de la vie, je me dois de vous avertir que le choix que vous ferez pourra entraver votre progrès vers la maîtrise de la performance optimale !

En définitive, tout repose sur votre capacité de stimuler votre motivation, de puiser profondément en vous-même pour trouver la raison qui vous fera prendre action..

Le fait de considérer une journée déterminée comme mauvaise détruira le dynamisme que la direction de votre boussole avait créé. Le qualificatif « mauvais » constituera un frein qui ralentira votre progression vers le succès. Si vous ne me croyez pas, faites l'expérience suivante : efforcez-vous de qualifier votre journée comme bonne ou mauvaise et notez bien l'impact de cette qualification sur vos sentiments. Vous percevrez très vite la différence !

Optimisez vos résultats! Libérez votre plein potentiel.

Installer les gardes-fous

Il est d'importance capitale que vous sachiez où vous désirez aller et les raisons pour lesquelles vous souhaitez prendre cette direction.

Toutefois, nous devons reconnaître qu'il n'existe pas de situation idéale. Et, trop souvent, des distractions ou des événements imprévus obscurciront votre vision et jetteront un doute sur les raisons qui vous incitent à travailler dans le sens souhaité. C'est alors que l'installation de gardes-fous - c'est-à-dire un ensemble de valeurs solides - vous permettra de garder le cap. En restant concentrés sur l'enjeu final, vous poursuivrez vos efforts malgré les écueils semés tout au long de votre chemin qui pourraient vous ralentir ou bousiller carrément votre itinéraire.

Afin de pouvoir continuer sur la voie choisie et renforcer votre résolution et vous éviter ainsi des regrets inutiles, vous devrez faire une pause et faire l'inventaire de ce qui, dans la vie, a de la valeur à vos yeux. Les études sur ce sujet montrent que si vous disposez d'un jeu de cinq ou six valeurs bien précises au cours de votre progression, vous ne vous écarterez jamais beaucoup de l'itinéraire que vous vous êtes tracé.

Donc, une fois qu'une direction (vision) et une raison (motivation) ont été clairement définies, il est temps de sélectionner les valeurs (gardes-fous) qui vous permettront de rester sur la route tracée pour atteindre votre vision.

Valeurs pour la vie

Au cours de votre existence, vous avez réuni un ensemble de valeurs qui vous maintiennent sur la route de la vie et vous évitent, la plupart du temps, de tomber dans les fossés qui jalonnent votre voyage terrestre. Afin d'éviter tout malentendu, et pour m'assurer que nous sommes tous sur la même longueur d'onde, je voudrais vous expliquer ce que j'entends par « fossés ».

Les valeurs sont semblables à des gardes-fous placés sur une route dangereuse jalonnée de fossés et semée de profondes ornières.

Sur les autoroutes, ces passages dangereux sont, généralement, protégés par des rails de sécurité qui permettent à un conducteur perdant le contrôle de son véhicule, de rester sur la route et d'éviter ainsi un carambolage grave.

Il en est de même en ce qui concerne la route de la vie.

La route de la vie

virages coûteux

A   B

valeurs = gardes-fous

De temps à autre, nous perdons le contrôle. Nous oublions ce que nous représentons. Nous sacrifions, par inadvertance, de la sueur, des larmes et du sang au profit d'un instant fugitif. Nous ne maîtrisons plus le gouvernail de notre vie et nous commençons à divaguer jusqu'au moment où nous heurtons les bordures extrêmes de notre itinéraire.

Nous empruntons alors des virages qui nous coûtent très cher et qui nous écartent considérablement de la ligne que nous nous étions tracée. Nous empruntons des virages coûteux qui nous éloignent considérablement de la bonne direction. En fin de compte, nous gaspillons temps et énergie.

C'est alors que les valeurs entrent en jeu et jouent le rôle de gardes-fous. Elles représentent les avertissements inattendus qui nous rappellent que certaines de nos activités en compagnie de nos amis ne sont pas en accord avec la voie que nous avons choisi de suivre. Ou encore, ces valeurs nous font réfléchir aux conséquences, par exemple, que nous subirions si par malheur, nous succombions au désir de faire du vol à l'étalage. Ou enfin, elles nous aident à comprendre que des dépenses excessives pour l'acquisition d'un objet ou la satisfaction d'une activité déterminée qui ne nous aiderait en rien pour atteindre le but recherché, peuvent représenter autant d'obstacles majeurs sur la route de la performance optimale.

Les valeurs représentent les choses ou les actions que nous avons déterminées comme étant _obligatoires_ afin de nous permettre de rester alignés à notre objectif de vie.

Par exemple, nous pouvons considérer le _respect_ comme une valeur.

Cette valeur nous évitera d'agir de façon irrespectueuse dans certaines situations.

Nous pouvons également considérer _l'honnêteté_ comme une valeur.
Cette valeur nous mettra mal à l'aise si nous sommes malhonnêtes dans telle ou telle situation.

Une autre valeur pourrait être la communication. Cette dernière est très importante dans toute situation impliquant des personnes oeuvrant ensemble vers un but commun.

Cette valeur vous incitera à communiquer à bon escient afin de produire les résultats recherchés.

Les valeurs agissent comme des balises destinées à guider nos efforts quotidiens. Elles sont à l'oeuvre en permanence. Elles nous fournissent les signaux avertisseurs qui nous aident à demeurer sincères envers nous-mêmes.

Je suis sûr que vous êtes convaincu qu'il existe beaucoup plus que cinq ou six valeurs destinées à vous aider à mener la vie que vous avez choisie. Des études dans le domaine ont identifié au-delà de 140 valeurs.

Voir l'annexe 2 qui contient une liste des valeurs identifiées au cours de ces recherches.

Il est important de bien savoir lesquelles vous animent et les partager avec votre entourage. Lorsque vous vous trouvez placé dans certaines situations, les cinq ou six valeurs fondamentales qui guident votre comportement vous permettront d'expliquer plus clairement votre position.

Il serait bon que vous preniez le temps de réfléchir, de déterminer et d'identifier ces valeurs qui vous permettront de rester sur la voie que vous avez tracée pour votre vie.

Pourquoi et Comment

Il serait certainement bénéfique à ce moment d'établir une distinction entre vos croyances (POURQUOI) et vos valeurs (COMMENT).

Nous avons parlé précédemment de carburant, la motivation (le POURQUOI), qui alimente le moteur de nos actions. Celle-ci est basée sur nos croyances.

Souvenez-vous des paroles de Gandhi : « mes croyances déterminent mon destin ». En effet, ce sont nos croyances qui nous font nous lever le matin, qui nous font agir, qui nous mènent avec détermination vers le but recherché.

Les valeurs que nous chérissons, elles, agissent comme autant de rappels du COMMENT, la façon d'atteindre notre but. Nos valeurs nous accompagnent toute notre vie. Elles nous apportent certitude dans notre action. Elles constituent la boussole de notre existence. Elles sont super importantes au cours de nos périodes de désinvolture et d'oubli.

À ce point-ci, vous devez probablement vous demander ce que tout cela a à voir avec la performance optimale. Et bien, la réalité est telle que les circonstances ne sont pas toujours idéales au moment de la performance. Bien des fois, vous aurez à traiter du défi présent au milieu d'une tempête d'émotions. Après tout, vous n'êtes pas un robot. Lorsque vous serez submergé par une émotion momentanée, ces valeurs agiront comme des gardes-fous afin de vous maintenir sur la route qui mène au succès personnel, au but visé.

Vos valeurs vous aideront à bien gérer votre vie si vous les identifiez clairement, si vous en comprenez la signification, si vous les intégrez dans votre cadre de performance optimale et si vous vous les remémorez de temps à autre. Elles deviendront les garanties d'une vie réussie.

Après avoir clarifié et adopté les valeurs qui vous guideront dans vos efforts quotidiens, vous améliorerez automatiquement vos performances.

Connaître les limites

Connaître les limites découle du fait que vous avez pris conscience de ce que vous voulez faire de votre vie.

Cela implique la nécessité d'efforts importants pour identifier précisément qui vous êtes et déterminer ce que vous souhaitez obtenir au cours d'une vie bien remplie, une vie au cours de laquelle vous aurez accompli tout ce que vous aviez prévu d'accomplir. Si vos valeurs représentent les gardes-fous de votre itinéraire, ces valeurs n'auront guère de signification si vous n'avez pas défini précisément les limites de votre vie.

Par limites, j'entends la définition précise de ce que vous voulez atteindre et réaliser au cours de votre vie. Par exemple, une personne dont le but ultime consiste à créer une famille, devrait déterminer combien d'enfants elle souhaite avoir et le type d'éducation qu'elle souhaite leur donner. Ces éléments permettront à cette personne de choisir le ou la partenaire qui partagera son existence. Ils lui permettront également de déterminer les ressources qui lui seront nécessaires pour parvenir à ce but. Ces détails seront les limites des activités nécessaires à accomplir la vie projetée.

L'une des façons de déterminer ces limites consiste à examiner ce que l'on a, d'ores et déjà, accompli dans sa vie.

Cela constitue une approche positive du problème et permet, fréquemment, de clarifier ce que vous recherchez ultimement.

Je vous propose un exercice qui vous aidera à définir vos **limites**.

Voir l'annexe 10 - Inventaire des succès de votre vie, pour mener cet exercice qui vous aidera à définir votre domaine privilégié où vos habiletés, compétences et préférences peuvent vous procurer les meilleurs résultats et la plus grande satisfaction personnelle.

Prenez une feuille de papier de format lettre et divisez- la en trois colonnes. Dans la colonne de gauche, établissez la liste de toutes les réalisations accomplies au cours de votre existence pour lesquelles vous pensez avoir obtenu d'excellents résultats. Ne vous préoccupez pas de leur chronologie. Contentez-vous de réfléchir et d'écrire ce qui vous vient à l'esprit. Continuez cette liste jusqu'à épuisement de vos souvenirs.

Dans la deuxième colonne, en face de chaque réalisation, notez ce que vous avez ressenti et ce que vous avez appris.

Enfin, dans la troisième et dernière colonne, notez l'impact produit par chaque réalisation et les bénéfices que vous en avez retirés. Soyez honnête et positif.

Déterminez précisément les bénéfices retirés personnellement ou dont ont bénéficié d'autres personnes. Face à ces réalisations, adoptez une attitude à la fois fière et humble. En y réfléchissant, vous constaterez qu'à certains moments de votre existence, vous n'aviez pas conscience de ce qui se déroulait. Vous considériez ce qui se passait comme normal et naturel. Vous n'aviez pas réalisé, alors, que vos actes étaient

---

en conformité avec des croyances et des valeurs qui avaient défini les **limites** du sentier idéal de votre vie.

C'est ce qui s'est produit pour moi, en 1986, lorsque j'ai pris conscience que mon mariage avait pris fin. J'étais complètement perdu, me demandant si la vie méritait d'être vécue. En effet, la vie à laquelle je m'étais consacré jusqu'à présent venait de se terminer. Dans ma quête de réponses, je me rendis en Suisse. Et là, perché sur une corniche, à mi-chemin du sommet du fameux Matterhorn, je décidai que j'avais une excellente raison de vivre. À cette époque, je pensais vraiment mettre fin à mes jours. Assis sur cette corniche, je réalisai combien il me serait facile de me laisser tomber au fond de la crevasse que je dominais et d'en finir une fois pour toutes. Mais, je me souvins que j'avais trois enfants qui avaient besoin de moi. Je fis un inventaire de tout ce que j'avais à offrir. Et, aujourd'hui, ce livre constitue la preuve tangible de ma découverte.

Bien entendu, il est probable que vous n'avez pas atteint un tel degré de désespoir mais cet exercice, que je vous suggère, vous aidera à déterminer vos limites. Et, comme toujours, lorsque vous vous livrerez pour la première fois à cet exercice, vous découvrirez des recoins de vous-même qui n'avaient jamais été explorés.

En répétant l'exercice et l'analyse de vos résultats, vous approfondirez votre connaissance de vous-même et vous découvrirez vos limites ainsi que les valeurs qui vous permettront de garder le bon cap. Faites-vous une faveur. Prenez le temps de dresser cette liste, cela vous sera extrêmement bénéfique. Vous serez peut-être surpris de constater qu'il vous faudra plus d'une feuille ! La découverte de vos limites compensera largement le temps que vous aurez consacré à cet exercice !

AïM, la Maîtrise de la vie

Être fidèle à soi-même

Vos valeurs représentent vos gardes-fous vous permettant de garder le cap, de maintenir vos yeux fixés sur la route, de guider vos efforts en fonction de votre vision de l'existence. Gardez bien ces valeurs présentes à l'esprit lorsque vous assumez des responsabilités, afin de vous assurer que vous restez fidèle à vous-même. La performance optimale dépend de la bonne chose, du bon dosage au bon moment. Or, cela ne peut se produire que lorsque vous êtes pleinement conscient de vos valeurs.

Vos valeurs vous aideront à rester fidèles à vous-même. Toutefois, vous devrez également rester mentalement alerte et souple afin d'éviter de vous retrouver pris dans un carcan lorsque certaines conditions exigeront un changement d'approche.

Alors que nous autres humains avons tendance à faire preuve d'étroitesse d'esprit, nous devons demeurer vigilant et être, en permanence, conscients de nos valeurs et de nos limites. Cette prise de conscience vous aidera certainement à minimiser les efforts nécessaires pour maintenir le bon cap, dans un environnement en pleine mutation.

Bien connaître vos gardes-fous vous permettra aussi d'être fidèle à vous-même dans la plupart des situations, et cela d'une façon quasiment automatique. Augmenter les moments où vous êtes en alerte vous aidera à réduire le nombre de situations regrettables et indésirables. Tout de même, vous pouvez être assuré que de telles situations se produiront car, après tout, vous n'êtes pas une machine.

Il se pourrait qu'occasionnellement, vous manquiez le pas. L'important sera de vous relever et reprendre la bonne direction en étant honnête avec vous-même.

Attention aux incongruités

Dans ce cas précis, il s'agit du sentiment d'inconfort, de malaise inexplicable, de déception de soi qui se produira si vos actions ne sont pas totalement alignées à vos valeurs. Cela se traduit en des incongruités peu perceptibles et palpables qui néanmoins peuvent carrément ralentir votre progrès vers la performance optimale.

Notre cerveau subconscient contient un composant qui agit comme un moniteur permanent de nos actions. Lorsque nous violons nos valeurs et que nous ne sommes pas sincère envers nous-mêmes, nous ressentons un sentiment de malaise, une incongruité, une sorte de décalage par rapport à nos valeurs.

Soyez à l'écoute de ce signal, en permanence. Il constitue un indicateur fiable vous annonçant que vous n'êtes pas fidèle à vous-même ou que vous transgressez vos valeurs. Lorsque cela se produit, réfléchissez à la situation où à l'événement que vous vivez. Vous découvrirez, très probablement, la discordance existant entre vos valeurs et l'action que vous êtes en train de mener.

Soyez sincère envers vous-mêmes dans ces circonstances et agissez pour rectifier votre comportement responsable de ce malaise. Finalement, vous réduirez votre stress. Autrement, vous ressentirez l'impression obsédante que quelque chose ne va pas. C'est l'impression permanente que vous auriez pu agir différemment et plus efficacement dans certaines situations. En général, cela développe en vous une sensation de regret qui vous incite à dire, « si seulement j'avais… ».

Restez concentré sur votre vision et gardez bien présent à l'esprit les raisons qui vous poussent à réaliser votre rêve. Cela vous motivera généralement pour atteindre le but que vous vous êtes fixé. Toutefois, votre itinéraire sera toujours jalonné de bosses et de virages. Puisque vous souhaitez devenir un adepte de la performance optimale qui optimise ses résultats tout en minimisant ses efforts, vous serez bien avisé en gardant l'oeil fixé sur vos valeurs.

Les valeurs sont les gardes-fous qui permettent à un véhicule d'éviter les embardées dangereuses. Les valeurs agissent de façon automatique afin de vous ramener dans la bonne direction lorsque, par distraction inopinée, vous vous égarez. Vos valeurs vous aideront à éviter les accidents graves susceptibles de se produire au cours de votre vie lorsque vous êtes affaibli par le fardeau des événements qui jalonnent votre existence.

Souvenez-vous de revoir et de modifier, s'il y a lieu, vos valeurs lorsque vous faites une révision de votre vision (où vous vous dirigez dans le futur) et des raisons (le pourquoi) de votre existence. Comme pour toute activité, la pratique mène à la maîtrise. Si vous gardez toujours vos valeurs (vivre de façon intègre) en tête, vous bâtirez un ensemble de gardes-fous indestructibles et fiables qui vous maintiendront sur la voie de la performance optimale. Et cela même si vous rencontrez des circonstances bouleversantes car vous aurez programmé la voie de la performance optimale dans votre vie.

Points importants à se rappeler

- L'ensemble du processus permettant d'atteindre la performance optimale est étayé par **AïM**, une recette permettant d'améliorer la prise de conscience de votre capacité innée, de l'intérioriser, de l'intégrer dans votre routine et de la pratiquer fréquemment afin d'en développer la maîtrise.

- Pour être bon dans un domaine déterminé, vous devez comprendre le concept que vous appliquez. Dans ce livre, la Performance Optimale est définie comme, **la bonne chose, avec le bon dosage, au bon moment**^{MC}. Concentrez-vous sur l'action appropriée à l'instant considéré, en vous assurant que vous utilisez le bon dosage (suffisamment mais sans excès), au bon moment, afin de produire le résultat optimum.

- La concentration est l'élément capital permettant de générer l'impulsion requise pour se diriger dans la bonne direction. L'élément clé permettant d'obtenir une concentration efficace consiste à avoir une image (vision) exhaustive (détaillée) et inspirante du but que vous cherchez à atteindre. Lorsque votre vision est claire, la **TRACTION** est puissante et vous permet d'atteindre le but recherché beaucoup plus facilement.

- La motivation vient de l'intérieur. Ne recherchez pas l'aide d'une autre personne pour vous faire démarrer. Examinez clairement les raisons qui vous font agir chaque jour. Rappelez-vous que vous seul pouvez stimuler votre motivation. Concentrez-vous sur des paroles positives afin de vous inciter à agir.

- Vos valeurs représentent les gardes-fous qui vous maintiendront sur la bonne voie dans votre cheminement en direction de la performance optimale. Assurez-vous de bien définir ces valeurs et utilisez-les lorsque le doute vous saisit.

PARTIE III – Programmer la performance

Garder le cap...

PARTIE I   Préparer le voyage

PARTIE II   Construire les fondations

PARTIE III   Programmer la Performance

<table>
<tr>
<td>

✓ **Étape 1 – Faire taire le cerveau**
  La posture de repos
  La respiration de repos
  La concentration de repos
✓ **Étape 2 – Recadrer la petite voix**
  Le bavardage continu
  Le pouvoir des mots
  Pas de visée, pas de réussite
  Mots puissants, résultats éclatants
  Transformation permanente
✓ **Étape 3 – Visualiser votre avenir**
  Concevoir la Performance
  Graver l'image
  Répéter pour se perfectionner

</td>
<td>

✓ **Étape 4 – Exprimer votre gratitude**
  La gratitude élimine la P E U R
  Votre gymnase mental
  Comptabiliser vos bénédictions
  Mettre votre Ego en échec
  Garder la foi !
✓ **Étape 5 – Créer la Maîtrise**
  Pratiquer, Pratiquer, Pratiquer
  Planifier, Planifier, Planifier
  Agir, Agir, Agir
  Les réseaux neurobiologiques
✓ **Étape 6 – Ancrer la Performance**
  Se transporter dans son cercle
  Programmation neuro-linguistique
  Installer le cercle
  Témoignage d'un maître coach

</td>
</tr>
</table>

PARTIE IV   Lâcher les freins

ANNEXES

Nous allons maintenant aborder la tâche sérieuse de votre transformation personnelle qui constitue le but de cet ouvrage. Déterminons les six étapes qui jalonneront l'itinéraire que vous allez emprunter pour créer de nouveaux schémas de pensée (programmations) destiné à faire de vous un adepte de la performance optimale.

Etape 1.
Faire taire le cerveau : le préparer à recevoir vos ordres.

Etape 2.
Recadrer vos pensées : apprentissage de la technique d'affirmation positive.

Etape 3.
Visualiser l'avenir : apprentissage de la technique de visualisation créatrice.

Etape 4.
Exprimer votre gratitude : créer une attitude positive.

Etape 5.
Créer la maîtrise : définir les répétitions destinées à créer les automatismes.

Etape 6. Ancrer la performance optimale : créer le déclencheur qui permettra un accès rapide.

Chacune de ces étapes est décrite de façon à vous fournir les informations nécessaires vous permettant de planifier et d'exécuter votre approche en direction de la performance optimale. Soyez toujours conscient de ces processus et vous garantirez votre atteinte de la performance optimale.

Étape 1 – Faire taire le cerveau

Toutes les études réalisées concernant les capacités du cerveau mettent en évidence un fait indéniable : nous pouvons tous gérer une multitude de stimuli simultanément. Il s'agit de l'une des merveilles de notre espèce. Semblable à un ordinateur, notre cerveau fonctionne à une vitesse extraordinaire et saute d'une pensée à l'autre en quelques fractions de seconde. Les recherches montrent qu'en général, notre cerveau enregistre plus de 50 000 pensées quotidiennement, durant notre période éveillée. Si nous partons du principe que nous sommes éveillés, environ, 16 heures par jour, cela implique que nous émettons une pensée toutes les deux secondes, environ. Cela semble incroyable, n'est-ce pas ?

Cela signifie que notre capacité à penser est étonnante. Mais, lorsqu'il s'agit de la concentration, c'est tout le contraire. Du fait qu'en général, nous pensons à plusieurs choses à la fois simultanément, nous éprouvons plus ou moins de difficultés à nous concentrer correctement. Le problème c'est que lorsque nous voulons ralentir le flux de nos pensées, cela devient extrêmement difficile, sinon impossible.

> L'art d'apaiser notre esprit et la capacité à le débarrasser de nos soucis et préoccupations constitue, probablement, l'un des secrets de l'énergie déployée par nos grands hommes.
> — **J. A. Hadfield,** écrivain

Donc, afin de nous permettre d'obtenir la performance optimale, il est nécessaire d'apprendre à apaiser notre cerveau, le mettre à l'état de repos. Il s'agit, en quelque sorte, de ralentir le flux extrêmement rapide de nos pensées pour lui imposer un mode de fonctionnement plus modéré afin de faciliter notre concentration.

Apaiser notre cerveau est absolument fondamental pour l'obtention de la performance optimale. La meilleure technique qu'il m'ait été donné de rencontrer est celle préconisée par Herbert Benson[7], le père de la récupération par la relaxation. Sa compréhension de la relation corps-esprit lui a permis de créer une méthode qui influence le cerveau en fonction de la position du corps.

Maxwell Maltz[8], lui aussi, a mis en évidence les bienfaits procurés par la relaxation dans le cadre de sa théorie du développement et de la modification de l'image de soi. Grâce à ses travaux sur des patients en chirurgie plastique, il mit en évidence la nécessité de libérer le cerveau des soucis indésirables et des émotions négatives avant toute tentative de création de nouveaux schémas de pensée. Selon ses propres termes, la pratique de la relaxation est comparable à une « chambre de décompression émotionnelle. » Pour pouvoir retrouver sa concentration et recentrer ses pensées, une personne doit effacer le nuage émotionnel qui trouble la vision de l'état recherché. La relaxation libère progressivement votre esprit lui permettant ainsi de penser clairement.

Milton Erickson[9] fut un psychiatre et un chercheur renommé grâce à sa technique d'hypnose et sa thérapie familiale. Au nombre de ses découvertes, nous trouvons certains concepts liés à la communication non verbale et le pouvoir du cerveau inconscient qui lui furent inspirés par sa maladie. En effet, à l'âge de 17 ans, il fut frappé par la poliomyélite. Pendant

---

[7] Benson, Herbert. *The Relaxation Response.* Harper. Première édition. 1976

[8] Maltz, Maxwell. *Psycho-Cybernetics: A New Way to Get More Living Out of Life.* Prentice Hall. Ney York 1960

[9] Erickson, Milton H. Lire à propos de ses recherches dans Wikipedia; inscrire Milton Erickson

longtemps il fut incapable de prononcer une parole. Il parvint à recouvrer son sens de la parole grâce à des exercices mentaux. Son expérience personnelle confirme la théorie de la relation corps-esprit, avancée par Herbert Benson dont les travaux montrèrent que tout ce qui est exprimé par le corps humain est un reflet de l'activité du cerveau et que toute pensée est répercutée dans les sensations corporelles.

Ernest Lawrence Rossi[10], un élève d'Erickson, rédigea un traité sur les diverses façons d'utiliser effectivement les rythmes. En effet, notre corps obéit à des séquences rythmiques. Le rythme sur lequel Rossi concentra ses recherches fut le cycle activité-repos appelé « **ultradien** ».

Ce cycle naturel de 90 à 120 minutes produit un mouvement d'oscillation de notre activité. À son pic, nous sommes plus alertes et efficaces dans nos actions. À son niveau le plus bas, nous avons tendance à être plus décontractés. Toutefois, la société moderne nous a amenés à annuler ce cycle naturel en nous privant de la phase d'activité réduite dont nos fonctions physiologiques profitent pour se rééquilibrer. Nous nous sommes progressivement habitués à demeurer, toute la journée, à proximité du pic d'activité, ce qui provoque en nous une accumulation d'hormones de stress, avec pour résultat un sentiment progressif de fatigue.

Nous devons apprendre à créer ces périodes d'activité réduite au cours des séances de relaxation afin de nous permettre de nous reposer, de nous relaxer et de recharger nos batteries. Cette technique a été ajoutée au processus d'apaisement du cerveau que je préconise.

L'application de principes de yoga a également amené l'intégration des techniques respiratoires au sein de ce

---

[10] Rossi, Ernest Lawrence. *The 20 Minute Break.: Using the New Science of Ultradian Rhythms.* Jeremy P. Tarcher. 1991.

processus. Par exemple, diriger les paumes de vos mains vers le ciel agit comme un aimant pour l'énergie environnante. Respirer par le nez et retenir sa respiration permet une plus grande expansion de votre moi intérieur, facilitant ainsi la relaxation.

De plus, les travaux de Bandler et Grinder[11] sur la programmation neuro-linguistique ont permis de clarifier certains des bienfaits recherchés dans le cadre des techniques de relaxation.

Finalement, en me basant sur les divers travaux cités précédemment, j'ai mis au point une technique d'apaisement du cerveau. Nombre d'athlètes ont amplement prouvé son efficacité. Nous pouvons affecter l'activité de notre cerveau par notre respiration. Cela permet de régénérer notre cerveau ou de créer de nouveaux schémas de pensée, et ce de façon beaucoup plus simple que prévu initialement. Je peux attester ces résultats, tant en ma qualité d'utilisateur que de coach.

Un résumé de cette technique, intitulée **Le Processus 3R**[MC], se trouve à l'annexe 3. Elle y est expliquée et un calendrier est fourni pour vous aider à son application et vous permettre d'apprendre à respirer de façon à créer un sentiment de calme.

Il est une idée largement répandue selon laquelle il est difficile de modifier une habitude bien ancrée. Combien de fois entendons-nous, « je suis comme ça... », l'excuse habituelle

---

[11] Bandler, Richard et Grinder, John. Co-fondateurs de la recherché menant à la programmation neuro-linguistique (PNL). Auteurs de *Frogs into Princes* (1989) et plusieurs autres livres sur le sujet.

justifiant tel ou tel comportement. En général, on pense qu'il est très difficile sinon impossible de modifier une habitude. Pourtant, au cours des dernières décennies, certaines études ont prouvé le contraire.

Certaines techniques peuvent être utilisées pour reprogrammer notre cerveau et les modifications obtenues peuvent être permanentes, comme mon expérience me l'a confirmé. La clé permettant d'y parvenir consiste à disposer de la **motivation nécessaire pour agir** afin d'implanter de nouveaux schémas de pensée. En fait, cela revient à être suffisamment motivé pour pouvoir faire l'effort destiné à changer notre façon de penser.

Lorsqu'il s'agit d'apaiser notre cerveau, nous devons nous souvenir que toute action a son origine dans notre subconscient.

Lorsque vous apprenez à apaiser votre cerveau subconscient, il vous est alors possible d'obtenir la maîtrise de vos pensées. Une fois cette maîtrise atteinte, vous pouvez diriger vos pensées beaucoup plus simplement et obtenir les résultats que vous désirez, mentalement, émotionnellement et psychologiquement. Dans le but de vous fournir une approche structurée et systématique de la relaxation et de l'apaisement de votre cerveau, nous avons décomposé cette technique en différentes étapes, afin de vous en faciliter la compréhension et l'application.

La posture de repos

En se basant sur le principe de la relation corps-esprit, il est possible d'influencer notre cerveau grâce à notre posture physique. Permettez-moi de clarifier ce point. Earl Nightingale, un pionnier dans le domaine du développement personnel, fournit une description fort simple pour illustrer ce concept :

- votre corps se meut en direction de vos pensées prédominantes;
- votre cerveau absorbe et entretient ce que votre corps manifeste.

Bien sûr, il est difficile de maîtriser le flot de nos pensées, mais on peut assez facilement parvenir à rester immobile. Si nous appliquons ce concept, il s'ensuit que la posture adoptée par notre corps affectera nos pensées.

Essayez donc de vérifier son exactitude ? Mettez-vous debout et poussez vos épaules vers l'avant. Inclinez votre tête, le menton contre votre poitrine. Demeurez dans cette position pendant deux minutes, au moins. Maintenant, tout en conservant cette position, vérifier ce qui se passe dans votre esprit. Avez-vous des pensées positives, joyeuses, dynamiques ? Je parie que cela vous sera très difficile sinon impossible.

En effet, le fait de pousser vos épaules vers l'avant et d'incliner votre tête vers le sol bloque votre respiration. L'air circule difficilement. Un manque d'oxygène diminue les capacités de votre cerveau. En outre, diverses fonctions corporelles sont ralenties par cette posture, diminuant ainsi le flot d'énergie qui parcourt votre corps. Votre capacité de réflexion est réduite.

Maintenant, inversez votre position. Redressez-vous, rejetez les épaules en arrière, relevez la tête, regardez droit devant vous et respirez normalement. Comptez jusqu'à 120 puis vérifiez vos sensations. Avez-vous de sombres pensées, des pensées empreintes d'énergie négative ? Il est plus que probable que vous ne serez guère enclin à penser négativement. Vous serez naturellement remplis d'énergie. Vous respirerez librement et vos fonctions corporelles seront libérées et fonctionneront normalement.

Ayant maintenant fait cette expérience, discernez-vous la possibilité d'affecter vos pensées selon la posture que vous adoptez ? Pensez-vous qu'il soit possible d'affecter vos pensées par la façon dont vous contrôlez vos mouvements ? Je l'espère car apprendre à lier votre état d'esprit à votre posture constitue l'un des éléments clés permettant de créer de nouveaux schémas de pensée !

En ce qui concerne l'apaisement de votre cerveau subconscient, il s'ensuit que si vous adoptez une posture de repos, vous insufflerez le calme dans votre cerveau. Logique, non ?

Dans le cadre du **Processus 3R^{MC},** je recommande d'adopter la position assise. La principale raison pour cela, c'est que je souhaite vous enseigner la façon d'apaiser votre activité cérébrale dans n'importe quelle situation éveillée, quel que soit votre environnement. Vous pouvez utiliser cette méthode à volonté, même dans des situations difficiles. Après tout, je ne pense pas que vous souhaiteriez vous allonger sur le sol pour vous relaxer, au milieu d'une réunion ou pendant une activité quelconque à votre travail !

Pour vous assurer que tout votre corps s'investit dans ce processus, je vous recommande de vous asseoir sur une chaise droite et non pas de vous installer sur un sofa (trop confortable). Ainsi, votre esprit demeurera alerte. Vous devriez choisir un endroit calme afin de minimiser le risque de distraction. Éteindre ou abaisser l'intensité des lumières est un élément qui permet également d'apaiser le cerveau. Ôtez vos chaussures et placez vos pieds à plat sur le sol. Posez confortablement vos mains sur vos cuisses, les paumes tournées vers le haut, afin d'absorber l'énergie environnante. Maintenez vos épaules en arrière et la tête droite afin de faciliter votre respiration.

L'entrée libre de l'air est fondamental pour élever votre niveau d'oxygénation.

Bien entendu, si vous cherchez à trouver le sommeil plus facilement, vous pouvez utiliser la position couchée avant de vous mettre au lit, ce qui augmentera la capacité de votre corps à se régénérer.

La respiration de repos

Si la posture constitue la clé permettant d'apaiser le cerveau, une technique respiratoire n'en est pas moins indispensable pour cela. Elle est issue des techniques de yoga et vise à aider votre corps à créer un sentiment d'harmonie entre l'activité cérébrale et votre rythme respiratoire. Cette technique est détaillée ci-dessous.

Il s'agit d'**inspirer** par le nez, de **retenir votre respiration** pendant quelques secondes puis d'**expirer** par la bouche. Le passage de l'air provoque une sorte de massage de la membrane nasale et procure un effet apaisant au cerveau. La période de rétention de l'air est un concept de yoga procurant un effet bénéfique sur les molécules du corps et augmente votre souplesse corporelle. L'expiration par la bouche vise à créer une légère obstruction en pinçant les lèvres de façon à forcer votre diaphragme à expulser doucement l'air de vos poumons.

La respiration par le diaphragme implique que, en mettant votre main sur le haut de votre poitrine, vous ne sentez aucun mouvement. Le mouvement d'inspiration ne se produit qu'au niveau de votre ventre permettant ainsi la pleine utilisation de vos poumons pour se charger d'oxygène et se débarrasser du gaz carbonique. Une inspiration maximale vous apporte un maximum d'oxygène, c'est-à-dire une optimisation de vos fonctions corporelles - meilleure performance et élimination de la fatigue.

Respirer de cette façon produit également un effet de massage sur vos organes internes qui, de ce fait, peuvent rejeter leurs toxines et leurs déchets, leur permettant ainsi de se revitaliser.

Cette activité de respiration programmée constitue le fondement de ma technique de relaxation à volonté, c'est-à-dire, **Reposer/ Relaxer/ Recharger**[MC].

La concentration de repos

Dans le domaine sportif, on utilise fréquemment l'expression : « Concentrez-vous ! Concentrez-vous ! Vous devez vous concentrer ! » La plupart du temps, aussi bien ceux qui lancent cette injonction que ceux qui les entendent, n'en comprennent pas très bien la signification. Cette expression est utilisée par habitude, de façon routinière avec, pour seul résultat, l'accroissement de la tension et de l'angoisse de l'athlète à qui elle est destinée.

Si l'on cherche à calmer l'activité du cerveau, il faudrait bien utiliser une activité mentale qui résulte en un apaisement du cerveau alors que l'on est assis et que l'on respire profondément. Vous pouvez y arriver de différentes façons. En voici trois qui, autant que je sache, se sont révélés efficaces pour ralentir le flot ininterrompu et subconscient des pensées envahissant votre cerveau tout en renforçant votre concentration :

Concentrez-vous sur une molécule d'air
Pendant votre respiration, imaginez que l'air que vous respirez
est composé de millions de particules brillantes semblables à
des paillettes d'or en suspension dans l'air. Fixez votre
attention sur l'une de ces paillettes et imaginez qu'elle pénètre
dans votre nez, qu'elle se dirige vers vos poumons, chargeant
votre sang, puis qu'elle est expulsée par votre bouche, devant
vos yeux. Visualisez cette paillette, désormais terne et
grisâtre, sans aucun éclat. Il s'agit de l'illustration du
processus de purification qui se produit dans votre corps, au
niveau des échanges d'oxygène. Ainsi, vous envoyez à votre
subconscient un message de bénéfice positif. Cela est bon
pour vous !

Visualisez un panneau d'ARRÊT
Pendant votre respiration, fermer les yeux et imaginez que
vous apercevez un panneau d'ARRÊT. Alors que vous
respirez, inspiration-rétention-expiration, surveiller l'activité de
votre cerveau. Si vos pensées commencent à s'accélérer,
faites appel au panneau d'ARRÊT. Visualisez-le, et prononcez
le mot ARRÊT !

Visualisez le processus de respiration
Concentrez-vous sur votre respiration. Visualisez la phase
d'inspiration et représentez-vous-la comme une rampe
inclinée vers le haut (comme l'expansion de votre poitrine
lorsque vous inspirez). Au cours de la phase de rétention,
visualisez une ligne horizontale de gauche à droite. Lorsque
vous commencez la phase d'expiration, visualisez une rampe
inclinée vers le bas et aboutissant au même niveau qu'au
point de départ, lorsque vous avez commencé la première
phase de respiration. À la fin de la phase d'expiration, dirigez-
vous vers votre point de départ, c'est-à-dire la rampe inclinée
vers le haut. Continuez cet exercice de visualisation en

suivant chacun de vos cycles de respiration « inspirer-retenir-exhaler ».

De fait, en occupant votre cerveau de cette façon, vous parviendrez sûrement à en ralentir son activité, à le calmer, et l'apaiser.

Résultats escomptés
Le résultat final de cette technique, c'est que vous liez votre posture, votre respiration et votre état mental en un moment, une sorte d'intégration personnelle. Cette liaison crée un environnement silencieux propice à l'apprentissage du ralentissement de votre activité cérébrale. Il existe certaines raisons pour demeurer immobile et avoir la présence d'esprit au cours de votre exercice de relaxation :

- La première raison, c'est le renforcement de l'impact apaisant produit sur votre subconscient. De ce fait, la transformation au calme cérébrale en sera facilitée et accélérée.

- Ensuite, en enseignant à votre cerveau comment ralentir son activité, vous incitez votre subconscient à rejoindre la zone des ondes cérébrales alpha (8-13 cycles par seconde) où il devient plus facilement programmable.

Veuillez vous reporter à l'annexe 4 pour une courte explication des divers niveaux d'activité cérébrale.

- Enfin, en pratiquant cet exercice, votre corps et votre esprit sont associés, dans un même état de calme. En fonction de cette connexion corps-esprit, 20 à 30 jours d'entraînement concentré, matin et soir, enseignera à votre corps à réagir selon les directives de votre cerveau apaisé. De même, votre cerveau sera programmé pour se calmer lorsque vous adopterez la **Posture 3R**^{MC}.

En définitive, cet exercice constitue la première phase de la création de nouveaux schémas de pensée.

En apaisant votre cerveau, vous le rendez plus influençable, plus disposé à accepter de nouvelles pensées destinées à produire une transformation de vos paradigmes (plus à ce sujet en Partie IV du livre). Il s'agit, essentiellement, d'une transformation non agressive des synapses, des dendrites et des neurones cervicaux dans le but de stocker et d'utiliser de nouvelles informations (par neurotransmetteurs) grâce auxquelles votre subconscient sera capable d'obtenir de nouveaux résultats sur commande.

Dans le chapitre suivant, nous nous pencherons sur la deuxième étape de reprogrammation de votre cerveau, c'est-à-dire les affirmations positives communément appelées « la petite voix intérieure » ou encore « le discours interne positif ».

Étape 2 – Recadrer la petite voix

De même que nous souhaitons ralentir ou apaiser l'activité de notre cerveau afin d'atteindre l'état requis pour la performance optimale, de même nous devons apprendre à maîtriser cette petite voix glapissante (monologue interminable) qui a tendance à torpiller ou, au minimum, à distraire notre cerveau conscient des tâches qu'il doit accomplir.

Ici, il est nécessaire de revoir le concept de la programmation.

Apaiser le cerveau est un exercice destiné à préparer notre subconscient à recevoir de nouvelles informations utiles, efficaces et durables pour augmenter nos capacités mentales.

Notre cerveau peut stocker des informations qu'il peut utiliser en permanence, de façon efficace, afin de recréer à volonté, le comportement souhaité. La meilleure preuve, c'est que nous accomplissons cela depuis que nous étions enfants. En effet, comment pensez-vous avoir appris à faire de la bicyclette ?

Nous stockons des informations de la vie de façon continue et notre mémoire à long terme veille à ce que ces informations soient disponibles lorsque nécessaire. Le problème, c'est que nous ignorons où ces informations sont emmagasinées et, de ce fait, nous avons parfois des difficultés à nous rappeler comment les utiliser. Nous nous souvenons de la façon dont nous devons utiliser notre bicyclette mais nous ne nous souvenons pas toujours de la façon dont nous devons nous comporter avec la brute qui se tient de l'autre côté de la rue.

AïM, la Maîtrise de la vie

Le problème réside dans le fait que notre subconscient sait où se trouve stockée l'information requise mais il nous la restitue au hasard et pas nécessairement de la façon la plus efficace.

Par exemple, considérons notre dégoût pour certains aliments. Nous ignorons totalement la raison de ce dégoût mais, néanmoins, nous rejetons ces aliments. Il est plus que probable que cette information a été stockée dans notre subconscient il y a bien longtemps et l'odeur, le goût de cet aliment sont situés dans notre système autonome. Et, parfois, le simple fait de goûter cet aliment ravive notre ancienne attirance pour lui et efface les souvenirs négatifs. C'est ainsi que fonctionne notre cerveau.

L'avantage de cette capacité, c'est que nous pouvons l'utiliser à notre profit. Nous pouvons volontairement choisir de reprogrammer notre subconscient en suivant les mêmes principes.

Dans ce cas, nous allons utiliser l'incapacité de notre cerveau subconscient à distinguer ce qui est imaginé de ce qui est réel. En fait, nous pouvons tromper notre subconscient en l'incitant à accepter une idée comme étant une réalité et, de ce fait, il ne s'y opposera pas. Seul notre cerveau conscient est en mesure d'analyser, d'évaluer et de rejeter une idée. Notre subconscient est comparable à une éponge. Il se contente d'absorber ce qui lui est offert, tant que la pensée où le stimulus concerné n'entre pas en contradiction avec nos croyances ou nos valeurs.

Nos cinq sens constituent une voie menant vers le cerveau subconscient, tel le clavier d'un ordinateur. Tout ce que nous voyons, entendons, sentons, goûtons ou touchons, est enregistré. À partir de là, nous pouvons décider de ce que nous expédierons à notre subconscient et nous pourrons installer les programmes que nous souhaitons utiliser. Notons

---

bien que le toucher, le goût et l'odorat ne sont pas les plus faciles à utiliser.

Donc, il nous reste les canaux visuel et auditif pour absorber les informations que nous souhaitons programmer. Les autres sens pourront être utilisés afin de mieux ancrer l'idée ou le concept choisi en l'associant à un goût, une odeur ou une sensation tactile.

Le bavardage continu

Pour être en mesure de parvenir à la performance optimale, il est de la plus haute importance de faire une pause et de réfléchir à l'un des processus les plus inconscients qui se déroulent dans notre tête.

Les études démontrent que plus de 50 000 pensées traversent notre esprit

Pouvez-vous imaginer ce que représentent 50 000 pensées qui traversent votre cerveau au cours d'une journée ? Entendez-vous le bavardage continu ?

chaque jour. Un grand nombre de ces pensées déclenche un processus de réflexion, au sein de notre néocortex, c'est-à-dire la partie pensante de notre cerveau. Et, du fait que nous avons tendance à exprimer nos pensées par des paroles, (c'est ainsi que nous formulons nos idées), nous entretenons avec nous-mêmes un discours interne, une sorte de monologue quasiment permanent.

Vous avez sans doute entendu parler ou lu quelque chose au sujet de la « petite voix intérieure », c'est-à-dire la conversation que nous tenons constamment avec nous-mêmes.

Elle se déroule en permanence, explore toutes les facettes de nos réflexions, met de l'ordre dans nos différentes options et, très probablement, permet la création du processus de décision, sans parler des autres processus de réflexion tels que l'analyse de ce que nous voyons, l'attribution d'une signification aux mots que nous entendons et l'échelonnement de nos préférences gustatives.

> « La voix la plus forte et la plus influente que vous entendez, c'est votre voix intérieure, votre autocritique. Elle peut agir en votre faveur ou contre vous, selon les messages que vous acceptez de recevoir. »
> — **Keith Harrell,** Dr. Attitude

La petite voix est quasiment toujours en activité. Elle constitue un outil fort utile qui nous permet de comprendre notre environnement et les stimuli dont nous bombardent nos cinq sens, de façon permanente. Ce bavardage est souvent utile car il nous permet de distinguer les choses plus clairement.

Toutefois, il peut également être source de confusion et d'erreur d'interprétation du fait que ce bavardage dépend des informations stockées, informations qui peuvent être erronées. Mais, sachant qu'il fait partie de notre processus de réflexion, sachant aussi que nous pouvons affecter ce processus, il s'en suit que nous pouvons également influencer le contenu de ce bavardage permanent.

En conséquence, nous pouvons influencer et modifier cette petite voix intérieure et, en définitive, la transformer pour qu'elle devienne une aide plutôt qu'un obstacle dans la recherche de la performance.

Le pouvoir des mots

La petite voix intérieure est basée sur l'utilisation des mots. Toutefois, il arrive que les mots soient insuffisants pour traduire correctement certaines pensées. Il s'agit peut-être d'un dysfonctionnement du processus de création de l'image que notre cerveau utilise pour interpréter les stimuli dont nous sommes bombardés. En notre qualité d'êtres humains, nous nous servons des mots pour exprimer nos pensées, pour communiquer. Malheureusement, les mots sont souvent insuffisants pour exprimer ce que nous pensons. Néanmoins, nous utilisons les mots car ils représentent le seul moyen permettant de rendre cohérentes les pensées qui affluent dans notre esprit.

Diverses études ont montré que, lors d'une communication empreinte d'émotions, les mots utilisés ne permettent d'exprimer qu'environ sept pour cent du contenu du message envoyé. La

> La recherche démontre que dans une conversation professionnelle en personne, le message se décompose de la façon suivante:
> Les mots – 7 %
> La voix – 38 %
> Gestes et apparence – 55 %
> Il est donc logique d'écouter avec les yeux!

voix (intonation, timbre, débit, élocution…) exprime 38 % de ce message et l'attitude physique, les gestes et l'apparence, interviennent pour 55 %.[12]

Mais, en ce qui concerne notre discours interne, les mots prennent un tout autre sens. Lorsqu'ils sont formulés, ils résonnent dans notre tête, empreints d'une signification tout à fait différente dont l'impact est largement sous-estimé et mal compris.

Prenons l'exemple d'une personne qui prononce des jurons. Jurer de cette façon est l'expression de la colère, de la frustration, de la douleur, de l'anxiété, de l'excitation, de l'enthousiasme ou de toute autre émotion exagérée. L'utilisation d'un juron renforce l'émotion ressentie par celui qui

---

[12] Mehrabian, Albert et Wiener, Morton (1967). "Decoding of Inconsistent Communications". Journal of Personality and Social Psychology 6 (1): 109–114

l'exprime. Elle imprime plus profondément cette émotion dans le subconscient.

Du fait que l'être humain est le produit de ses habitudes, un juron conçu est un juron prononcé. Ceux qui jurent ont développé cette habitude. De même, d'autres personnes ont développé l'habitude de ne jamais jurer. Et il existe une raison précise expliquant pourquoi nous créerons des habitudes verbales : répétition, répétition, répétition...

Alors, êtes-vous d'accord que cette petite voix intérieure, ce discours interne, ce bavardage continu est une habitude développée au fil du temps ?

Les mots se fortifient grâce à la répétition et ils définissent notre façon de nous considérer et de nous exprimer. La petite voix intérieure devient une habitude dont il est très difficile de se débarrasser si elle nous affaiblit. Par contre, elle peut constituer une force puissante destinée à nous aider à gérer un certain nombre de situations difficiles si on apprend à la guider.

Elle représente une réponse automatique à un stimulus et l'habitude nous permet de gagner beaucoup de temps. On dirait qu'il s'agit d'un processus que nous pourrions utiliser à notre avantage, si nous le souhaitions, n'est-ce pas ?

Prenons l'exemple de deux personnes différentes. L'une réussit dans ses affaires alors que l'autre échoue dans tout ce qu'elle entreprend. Si nous pouvions écouter leurs discours internes respectifs, je suis certain que nous entendrions chez la première, « voici une nouvelle occasion, voyons comment je peux en profiter. » N'est-ce pas ainsi que l'on doit aborder un nouveau défi, lorsque l'on est persuadé de réussir ? Par contre, chez la seconde personne la petite voix intérieure dirait plutôt, « je ne sais pas si je dois en profiter. J'ai eu d'autres occasions et elles se sont toutes soldées par des échecs. »

Ici, le ton est diamétralement opposé. D'un côté, nous avons une personne persuadée de pouvoir réussir ; de l'autre, nous avons une personne qui se concentre sur les raisons susceptibles de diminuer ses chances de succès. Et ces deux attitudes sont le fruit des automatismes. Comme l'a déclaré Denis Waitley[13],   « Le succès est une habitude et il en est de même pour l'échec. »

Pas de visée, pas de réussite

Cet énoncé démontre l'évidence.

Si vous avez déjà pratiqué le tir, qu'il s'agisse d'arc ou d'armes à feu, ou simplement lancer une balle quelconque, vous avez pu constater très rapidement qu'un tir au jugé ne produit que des résultats aléatoires.

> *Si vous ne visez pas, il est possible que vous touchiez votre cible mais cela ne se produira que rarement.*

Si vous ne visez pas, il est possible que vous touchiez votre cible mais cela ne se produira que rarement. Ce principe s'applique à tous les aspects de la vie. Nous devons viser soigneusement si nous voulons atteindre notre cible de façon régulière.

Vous pensez peut-être que cela n'a guère d'importance si vous vous contentez simplement de pratiquer un entraînement au tir. Dans ce cas, ce qui importe, c'est la sensation ressentie, afin de développer votre mémoire musculaire. Et, avec le temps, la répétition de l'acte produit au cours de votre

---

[13] Waitley, Dr Denis. *The Psychology of Winning.* Programme Audio-cassette. Nightingale-Conant. 1990

entraînement devient plus facile et votre compétence dans ce domaine s'accroît. Vous devenez de plus en plus habile.

Mais habileté ne signifie pas efficience.

Vous pouvez vous entraîner au tir aussi assidûment que vous le souhaitez, si vous n'avez pas une cible devant vous, c'est comme si vous tiriez dans le vide. Il est indispensable que vous ayez une cible devant vous pour accomplir et mesurer une bonne performance.

Le même principe s'applique dans le domaine de la performance optimale. Vous pouvez vous concentrer intensément afin d'obtenir de bons résultats mais si vous n'avez pas un but précis, votre taux de réussite sera laissé au hasard. En ce qui concerne l'utilisation efficace de votre petite voix intérieure ou discours interne positif, le même principe doit être appliqué. Afin d'obtenir les résultats souhaités, vous devez absolument viser le centre de la cible, votre but. Pour cela, il vous faut choisir les mots justes, corrects et précis. Autrement, vos efforts vous mèneront exactement ou vous ne visez pas, et ça, c'est **nulle part.**

Si nous devons modifier notre discours interne et le rendre utile, nous devons en redéfinir le contenu afin de produire les résultats désirés. Par exemple, nous pourrions procéder de la façon suivante : au lieu d'utiliser une formule négative destinée à mettre un terme à une mauvaise habitude alimentaire (je ne veux pas engraisser), il sera beaucoup plus utile et efficace d'utiliser la formule, « j'ai atteint mon poids idéal. »

Cette formule positive doit être précisément énoncée et fournie à votre subconscient afin que celui-ci comprenne clairement la direction que vous souhaitez prendre. Visez soigneusement et vous toucherez votre cible. Ce concept est universel et sa résultante est garantie.

Mots puissants, résultats éclatants

En ce qui concerne le discours interne positif, il est, non seulement nécessaire de viser pour atteindre la cible, mais il faut également renforcer la signification du message.

Vous pouvez souhaiter augmenter votre confiance personnelle pour affronter une situation déterminée, mais cela vous prendra beaucoup plus de temps si vous ne faites que chatouiller votre subconscient au lieu de lui donner un ordre impératif. Votre cerveau subconscient est semblable à un cheval têtu. Il a besoin d'un commandement extrêmement ferme pour être amené à produire le résultat désiré. Si vous souhaitez obtenir des résultats rapides et éclatants, vous devez utiliser des mots puissants.

De nombreuses personnes connues nous ont montré la validité de ce principe. Par exemple, Mohamed Ali fut le plus grand boxeur mais ses discours internes ont

> J'ai compris que si je le répétais suffisamment, je parviendrais à convaincre le monde que j'étais réellement le meilleur.
> **- Mohamed Ali**

certainement dû jouer un rôle important pour le faire passer de l'obscurité au statut de boxeur le plus remarquable de l'histoire.

Lorsque je parle de **mots puissants**, il ne s'agit pas seulement des mots *utilisés* mais également de la *façon dont on doit utiliser* ces mots. Si vous vous contentez de les répéter de façon monotone et impersonnelle, ces mots produiront un impact minime sur votre subconscient. N'oubliez pas que votre cerveau subconscient (le cheval têtu) est extrêmement puissant ! Afin d'augmenter l'impact de vos affirmations, vous devez les associer à des sentiments. Ainsi, vous ne vous contenterez pas de prononcer des paroles mais vous les associerez également à certaines <u>émotions</u>. C'est alors, seulement, que votre cerveau et tout votre être commenceront à vibrer sous l'influence de ces affirmations.

Par exemple, si vous vous contentez de déclarer, « je suis compétent dans mon domaine, » il s'agit d'une affirmation toute simple, dépourvue d'émotion, neutre et peu précise, qui ne vous touchera guère.

Par contre, si vous souhaitez rendre votre affirmation plus dynamique, vous devriez dire, « je crois en mes capacités pour relever ce défi. Je crois en moi-même et en mon expérience. Cela me fournira la force nécessaire pour vaincre cet obstacle et sortir vainqueur de cette épreuve ! » C'est cela, la performance optimale ! Notez bien la référence faite à une base solide, à une grande confiance, aux verbes et aux mots actifs utilisés (croire, relever un défi, force, vainqueur...). Tout cela contribue à insuffler dans votre subconscient une attitude de pensée positive. La clé permettant d'atteindre une programmation mentale puissante est symbolisée par la formule : «... Détails, détails, détails... »

Dans le domaine mental, il existe une relation directe entre les résultats que nous obtenons et la préparation mentale. Imaginez un excellent résultat et il est fort probable que vous l'obtiendrez. Imaginez un résultat médiocre et vous l'obtiendrez également. Nous ne réalisons pas très bien combien nous influençons nos résultats par nos pensées et nos conversations intérieures. Assurez-vous d'utiliser des **mots puissants** afin d'obtenir des **résultats éclatants** !

Permettez-moi, maintenant, de faire une pause pour vous donner un exemple concret. Il y a de nombreuses années, lorsque j'ai commencé mon activité de coach dans le domaine de la performance optimale, il m'est arrivé d'animer un atelier consacré au contrôle des émotions négatives. Une partie de cette présentation concernait la puissance des mots dans les affirmations positives et dans l'utilisation de la petite voix intérieure (discours interne positif). À la fin de la session, un homme vint me voir et me fit part de sa frustration provoquée par le manque de résultats obtenus avec ses affirmations. Sa vie relationnelle partait à la dérive et il ne parvenait pas à redresser la barre. Son existence était empreinte de culpabilité et de sentiments d'inutilité.

J'étais curieux de connaître la raison de son insuccès et je lui demandai de m'expliquer comment il formulait ses affirmations. Il m'expliqua qu'il avait répété son affirmation plus de 200 000 fois, sans aucun résultat. Chaque fois qu'il prononçait son affirmation, il répétait silencieusement une formulation négative concernant le résultat souhaité (« je ne serai pas affecté par ma rupture sentimentale »). Je lui expliquai que cette formule négative n'était pas adéquate car l'utilisation de l'expression « pas affecté », en réalité, affectait directement son subconscient.

Le subconscient ne fonctionne efficacement qu'à partir de paroles d'action, et ne reconnaît pas la tournure négative (« affecté » était le seul mot sur lequel il travaillait). Cet homme reconnut qu'il devait changer sa formulation et utiliser, désormais, des mots puissants et positifs décrivant la situation désirée. Environ deux semaines plus tard, il m'appela au téléphone, tout excité par la transformation de son état d'esprit. Il s'était débarrassé de son sentiment de culpabilité et d'inutilité. Il avait retrouvé une nouvelle jeunesse.

Transformation permanente

Souhaiter la réalisation de quelque chose ne suffit pas. Notre subconscient est tellement puissant qu'il faut nous assurer de la permanence de nos nouveaux schémas mentaux. De même que la répétition de votre swing de golf sous l'égide d'un bon professeur améliorera la trajectoire et la longueur de votre drive, de même, les affirmations positives créées à partir de mots puissants créeront un impact plus profond.

La répétition crée un acte mental qui provoque une nouvelle façon de penser. Les parties de notre cerveau (synapses et dendrites) qui transmettent les informations sont remodelées afin de créer une nouvelle base de réflexion destinée à influencer l'attitude ou l'habitude que nous souhaitons modifier. Plus vous vous entraînez, plus le modèle mental choisi se développera. Avec le temps, ce modèle sera intégré de façon permanente, il deviendra un « **automatisme** ».

Prenons l'exemple d'un fumeur. Modifier la perception du fumeur de façon à ce qu'il réalise que fumer représente un danger pour sa santé, un poids financier, que cette habitude lui laisse un mauvais goût dans la bouche, imprègne ses vêtements d'une mauvaise odeur ainsi que d'autres aspects socialement rejetés, conduira cette personne à réaliser que cette mauvaise habitude n'est pas en accord avec sa personnalité. Sans beaucoup d'efforts, à part l'assiduité nécessaire dans l'application de ses exercices de programmation, le besoin de fumer disparaîtra.

Un automatisme se créera et cette personne ressentira un rejet mental en présence d'un fumeur ou de la fumée en général. Cela montre comment la puissance de notre subconscient peut-être utilisée pour nous aider à transformer notre vision des choses.

Je sais de quoi je parle car ayant, moi-même, fumé pendant plus de 30 ans, j'ai pu me débarrasser de cette habitude en utilisant cette méthode. Le rejet automatique de la fumée de cigarette est, désormais, profondément ancré en moi. Tout cela est très réel.

La répétition d'un exercice de recadrement mental pour devenir un « non-fumeur » va créer un nouveau programme qui incitera son utilisateur à considérer l'acte de fumer comme totalement négatif et non pas comme un moindre mal. Avec le temps, ce programme mental se fortifiera et deviendra permanent, tout comme les autres habitudes qui jalonnent le cours de notre existence. C'est ainsi que la performance optimale peut-être utilisée dans tous les aspects de notre vie.

Veuillez vous reporter à l'annexe 5 où vous pourrez consulter des informations complémentaires ainsi qu'une technique recommandée sur la façon de reprogrammer votre discours interne.

Ce discours interne ou petite voix est un élément essentiel pour atteindre la performance optimale. Assurez vous de créer des affirmations aux mots puissants; vous subirez une transformation remarquable dans la façon dont vous interprétez et ressentez les choses!

Étape 3 – Visualiser votre avenir

Nous avons vu que la première étape dans le processus de création de la performance optimale consistait à apprendre à se relaxer sur commande afin de permettre à notre subconscient d'accepter de nouvelles idées.

Ensuite, nous avons vu comment utiliser cette préparation afin d'aider notre cerveau à agir par l'intermédiaire de notre petite voix intérieure ou discours interne, dans le but de reprogrammer ou recadrer certains schémas mentaux qui affectent négativement notre comportement.

Bien entendu, si nous voulons être efficaces et efficients, nous utiliserons des mots puissants afin de créer une nouvelle perception et accorder une nouvelle signification à certains stimuli qui, auparavant, exerçaient une influence négative sur notre vie. Ou encore, en se servant du même principe, développer de nouveaux schémas qui nous aideront à établir des comportements menant à une meilleure performance.

Afin de renforcer cette capacité et accélérer ce processus pour obtenir plus rapidement le résultat désiré, nous allons examiner, maintenant, un autre aspect de cette technique. Il s'agit de la **visualisation,** destinée à renforcer l'habitude ou le comportement désiré. L'utilisation de la visualisation augmentera l'impact de l'effort de recadrement (reprogrammation) destiné à créer le modèle mental désiré.

La technique de visualisation créatrice existe et est utilisée depuis des siècles. Elle consiste à imprimer dans votre subconscient une série d'images décrivant la situation désirée.

Ainsi, en plus de décrire verbalement le résultat souhaité, vous le **verrez** également dans votre esprit.

Einstein a dit, un jour, « l'imagination est un avant-goût des futurs attraits de la vie. » Nous sommes capables de projeter l'avenir dans notre esprit grâce à des images. Il est un autre concept dont vous devez vous imprégner fortement; c'est le fait que notre subconscient ne peut faire la différence entre le réel et l'imaginaire.

La façon dont fonctionne l'imagination est démontrée par le truc du citron, que vous connaissez peut-être. Une personne vous déclare qu'elle tient un citron dans sa main. Elle ouvre sa main vers elle pour voir le citron sans vous le laisser voir. Elle décrit sa couleur jaune, sa texture agréable et ferme, la sensation du jus contenu à l'intérieur et sa bonne odeur fraîche. Ensuite, elle ferme sa main pour presser le citron puis porte sa main à sa bouche et fait semblant de mordre dans le citron. Si cette personne a été suffisamment convaincante, vous aurez une image très claire de ce citron. Lorsque cette personne mordra dans le citron, vous grimacerez et saliverez, probablement, en imaginant son goût. Pourtant, ce citron n'existe pas, ce n'est que le fruit de votre imagination.

Autrement dit, vous pouvez finir par croire n'importe quoi. C'est votre cerveau subconscient qui agit en fonction des informations que vous lui injectez.

Pour vérifier cela, essayez de vous souvenir d'une situation ou d'un moment où vous étiez effrayé ou plongé dans une profonde incertitude. À un moment ou à un autre vous vous êtes dit, « tout ira bien, calmons-nous! »

À cet instant précis, vous vous trouviez exactement dans le mode de recadrement ou de la bonne programmation destinée à vous convaincre que vous aviez le courage et la volonté d'affronter la situation en question.

Pour une raison ou une autre, je pense en ce moment aux montagnes russes, aux « grand 8 ». Lorsque nous les contemplons depuis le sol, nous sommes quelque peu inquiets en examinant leur trajectoire, surtout si quelqu'un nous a, préalablement, décrit les folles sensations que nous allons ressentir lorsque nous monterons sur le manège.

Visualiser un événement comme s'étant déjà déroulé positivement, crée en nous l'impression et la sensation que tout ira bien. Parfois, nous trompons notre subconscient en lui faisant croire qu'en effet, tout ira bien. L'utilisation d'images constitue un outil très puissant destiné à tromper notre subconscient et représente un excellent moyen de parvenir à la performance optimale.

La principale raison pour laquelle la visualisation semble être si efficace pour reprogrammer notre esprit, c'est qu'elle utilise les connexions les plus puissantes entre le cerveau rationnel et le cerveau créatif.

Cela indique clairement qu'un exercice de recadrage doit inclure la visualisation créatrice, technique qui perçoit le futur comme ayant déjà eu lieu.

Cette activité permet de tromper notre cerveau subconscient en l'incitant à œuvrer dans la direction désirée. Notre subconscient, étant incapable de distinguer l'imaginaire du réel, agit comme une TRACTION qui nous attire vers la vision que nous avons créée.

Il s'agit d'une merveilleuse capacité de notre subconscient que nous devrions nous efforcer, délibérément, d'utiliser afin de réduire l'effort requis pour parvenir à la performance optimale et au succès en général.

Concevoir la Performance

Si nous acceptons le fait qu'il est possible de programmer notre cerveau subconscient, alors, il est facile d'accepter le fait qu'il est possible de concevoir notre performance à l'avance, de nous entraîner et de réaliser cette performance au moment voulu.

Le sport est une excellente analogie. Il représente la performance en action et sous pression, du fait qu'il s'agit d'une compétition.

Dans les années 1930, un scientifique allemand, Johannes Schultz[14], influencé par les travaux du professeur Oscar Vogt, créa la technique communément appelée, **programmation autogène**. Cette technique de programmation mentale fut enseignée aux athlètes d'Allemagne de l'Est qui, lors des jeux olympiques, gagnèrent davantage de médailles qu'escompté.

Leurs nombreuses excellentes performances incitèrent leurs concurrents à penser qu'ils avaient triché. Finalement, on découvrit que ces athlètes allemands avaient utilisé la technique de la programmation autogène pour préprogrammer leurs performances.

La programmation autogène est la technique qui consiste à visualiser notre performance, avant que celle-ci ait lieu. Autrement dit, il s'agit d'une sorte de répétition mentale. De nos jours, la science est capable de mesurer, grâce à l'IRM, l'activité du cerveau associée à l'imagerie mentale. Il a été démontré que, même en l'absence d'activité physique, le simple fait de visualiser une performance produit, dans le

---

[14] Shultz, Johannes Heinrich. 1884-1970. *Das Autogene Training*, 1932

cerveau humain, les mêmes impulsions électriques que celles qui se produisent au cours de la performance physique réelle.

Ce qu'il y a d'extraordinaire dans ce processus de répétition mentale, c'est que cette dernière peut être menée à la perfection, provoquant ainsi une imagerie mentale guidée qui permet de parvenir à la performance optimale au cours de l'effort physique réel.

De nombreux exemples frappants existent pour illustrer ce concept. En voici quelques uns.

Terrell Owens (surnommé T.O.), joueur de football américain professionnel comme receveur de passes, subit une entorse grave à la cheville de même qu'une fracture du péroné (os de la jambe) lors d'un match contre les Cowboys de Dallas, le 19 décembre 2004. Normalement, une telle blessure aurait pris plusieurs mois à guérir puisque sa position requiert de courir à tous les jeux. Pourtant, il revint au jeu pour la partie du Superbowl tenue le 6 février 2005 entre les Patriots de la Nouvelle-Angleterre et les Eagles de Philadelphie (équipe de Terrell). Et cela, seulement sept semaines après l'accident et sans avoir pratiqué afin de permettre à la blessure de mieux guérir.

Sa performance ne fut rien de moins que miraculeuse avec neuf réceptions de passes pour 122 verges de gains.

Tout au long des semaines précédant cette partie, Terrell affirma qu'il jouerait dans cette partie. Sa guérison et sa capacité de jouer au sommet de l'excellence sans pratique préalable sont encore aujourd'hui considérées comme miraculeuses. Mais pour quelqu'un comme moi, coach en performance optimale, il n'y a pas de mystère. Oui, Terrell a eu les meilleurs soins de thérapie, mais il n'aurait jamais pris part au match s'il n'avait pas pratiqué en pensée.

AïM, la Maîtrise de la vie

Son entraînement mental fut réalisé à la perfection. Comment, alors, aurait-il pu réaliser une mauvaise performance ?

L'histoire du sénateur de l'Arizona, John McCain, nous fournit un autre exemple. En 1967, le bombardier dans lequel se trouvait ce dernier, fut abattu au cours d'une mission au-dessus d'Hanoi. Il fut prisonnier de guerre jusqu'à sa libération en 1973.

Au cours d'un tournoi de golf organisé en son honneur, quelques jours après sa libération, le sénateur McCain réalisa son score habituel, un handicap 4. L'assistance fut stupéfaite. Comment avait-il pu conserver sa technique intacte pendant toutes ces années passées en prison ? La réponse de John McCain fut très claire. Il expliqua qu'il avait, mentalement, joué 18 trous chaque jour de sa captivité.

Son jeu n'avait pas changé. Il avait conservé toutes ses capacités grâce à la répétition mentale.

Si ces performances physiques vous laissent sceptique, que dire, alors, des tests qui furent réalisés sur une chanteuse, dans une université britannique ? Des électrodes furent placées sur certains points vitaux de ses cordes vocales et on lui demanda d'imaginer une répétition sans proférer le moindre son. Ensuite, elle effectua une deuxième répétition, réelle, cette fois-ci, au cours de laquelle elle chanta avec la belle voix qui était la sienne.

Dans les deux cas, les mêmes signaux sensoriels furent produits, montrant ainsi que le cerveau et ses circuits périphériques fonctionnent de la même façon, qu'il s'agisse d'une performance réelle ou imaginée.

Bien entendu, nous ne pouvons passer sous silence les performances des athlètes olympiques de haut niveau.

PO = la bonne chose, avec le bon dosage, au bon moment[MC]

Si vous regardez attentivement les skieurs qui s'apprêtent à s'élancer sur la piste, vous remarquerez combien ils sont concentrés pendant les quelques instants précédant le départ, les yeux clos, comme s'ils glissaient déjà. Ensuite, ils dévalent les pentes montagneuses, comme ils l'ont répété mentalement.

Les patineurs artistiques font de même, ainsi que tous les athlètes, quel que soit le sport pratiqué. Pour le golf professionnel, par exemple, le joueur pose, généralement, sa balle sur le tee puis il scrute le fairway en visualisant la trajectoire de sa balle. Le résultat est, généralement, excellent, si le joueur reste concentré. Phil Mickelson est passé maître dans cette technique. Vous l'avez probablement vu fréquemment s'arrêter dans son mouvement, puis « Lefty » réajuste sa position, et frappe sa balle avec brio. Dans ces cas-là, nous savons que sa concentration a été troublée et qu'il doit reprendre la visualisation du résultat recherché, afin d'être certain que son esprit guidera le mouvement de son corps.

Tous ces exemples nous prouvent, de façon évidente, que nous pouvons concevoir notre performance, la répéter et l'exécuter mentalement avant l'exécution réelle.

Il ne fait aucun doute, nous sommes capables d'accomplir des performances à volonté. Nous disposons des outils nécessaires pour cela. Le défi repose sur notre capacité à apprendre comment utiliser ces outils, à définir le type de performance que nous voulons accomplir, puis à nous mettre au travail. Nous sommes véritablement capables de concevoir notre avenir !

Graver l'image

Il est important d'aborder le recadrage ou la reprogrammation mentale de la même façon que celui qui fréquente assidûment sa salle de sports où il va pour développer sa force, sa vitesse ou son agilité.

La répétition est la clé indispensable pour développer la mémoire musculaire. Il en est de même pour la mémoire mentale.

Graver l'image garantit que le programme prend racine. La répétition des exercices de visualisation destinés à créer un nouveau schéma mental, gravera dans votre cerveau de nouvelles habitudes associées à une nouvelle voie de réflexion. Cette image deviendra permanente et son efficacité sera proportionnelle à la concentration et à l'attention que vous attacherez aux détails en faisant vos exercices de répétitions.

Répéter pour se perfectionner

Quoi que vous entrepreniez pour vous améliorer, que ce soit sur le plan physique ou mental, la répétition est la clé permettant de développer la mémoire musculaire et de parvenir à la maîtrise. Cependant, la répétition confuse ou manquant de concentration ne peut mener à la maîtrise. Elle ne crée que confusion.

La clé permettant de parvenir à la maîtrise, c'est une pratique aussi régulière, constante et répétitive que possible. C'est pourquoi les experts en visualisation créatrice, tels que Lee Pulos[15] recommandent de créer une vidéo mentale de ce que l'on cherche à accomplir, en y intégrant le maximum de détails et en utilisant nos diverses sensations afin de renforcer le message adressé à notre subconscient.

Associez les détails à des émotions afin que votre être tout entier soit stimulé au cours de votre entraînement.

---

[15] Pulos, Dr Lee. *The Power of Visualization*. CD Audio. Nightingale-Conant. 1994

Visualiser régulièrement la vidéo de l'état recherché enracinera le modèle mental qui deviendra, très vite, une seconde nature. Au bout de quelques semaines, vous commencerez à vous rendre compte que votre nouvelle habitude, votre nouveau point de vue ou votre pratique physique, est devenue tout à fait naturelle. Vous aurez acquis une nouvelle habitude qui incitera votre cerveau subconscient à se diriger, sans effort, dans la direction voulue. Vous bénéficierez d'une nouvelle compétence qui sera, pour vous, comme une seconde nature.

Voici une excellente technique qui fonctionne très bien pour moi.

Lorsque je veux me préparer pour une réunion importante ou pour une présentation devant un groupe, je prends le temps de visiter le lieu où j'aurai à travailler. Ensuite, je visualise mon activité, imaginant le décor, la disposition de la salle et les participants. J'imagine mon activité, visualisant l'écran devant lequel je me trouverai, je m'imagine en train de parler, j'imagine les sourires des participants, les rires que j'aurai provoqués, les questions qui me seront posées et d'autres menus détails.

Au fil du temps, je suis parvenu à exceller dans cette activité au point que les événements réels sont presque exactement tels que je les ai imaginés. Et les résultats sont, en général, très proches de mes prévisions. Depuis que j'utilise cette technique, je reçois les félicitations auxquels je m'étais préparé.

Le fait de vous assurer que la routine de votre entraînement est toujours la même, vous apportera maîtrise et performance optimale. Vous pourrez ainsi vérifier l'exactitude du dicton qui déclare qu'un « entraînement parfait apporte la perfection. »

Assurez-vous que votre pratique soit aussi structurée et régulière que possible afin de permettre à votre subconscient d'ancrer l'image mentale. Lorsque vous serez parvenus à ce stage, ce sera comme rouler à bicyclette ou conduire une voiture. Votre pratique devient une seconde nature. L'effort requis pour votre entraînement sera minime en comparaison des résultats massifs que vous obtiendrez quand vous aurez maîtrisé la performance optimale.

Veuillez vous reporter à l'annexe 6 où vous découvrirez des informations complémentaires sur la visualisation. Vous y découvrirez également une technique destinée à vous permettre d'intégrer vos exercices dans votre gymnase mental.

L'utilisation de cette technique vous garantira un entraînement efficace et productif chaque fois que vous travaillerez à la reprogrammation de votre cerveau subconscient.

Étape 4 – Exprimer votre gratitude

> « …laissez-moi affirmer ma conviction profonde que la seule chose que nous ayons à craindre … est la peur elle-même … la peur anonyme, irraisonnée … »
> **- Franklin Delano Roosevelt,** 32e Président des États-Unis, discours d'intronisation

Voici quelques réflexions destinées à vous montrer combien le fait d'exprimer votre gratitude peut vous aider à vaincre votre peur de l'avenir et faciliter votre cheminement en direction de la performance optimale.

On dit fréquemment que la vie semble plus agréable lorsqu'on la considère avec des lunettes aux verres teintés de rose. Certains prétendent que l'on ne peut modifier les situations ou les événements. Cependant, si vous y réfléchissez, vous constaterez qu'une situation ou un événement donné peuvent vous apparaître différemment selon la façon dont vous les considérez.

Imaginez-vous assis au volant de votre voiture. Devant vos yeux se trouvent le pare-brise et le rétroviseur.

Une première chose est évidente, c'est que votre rétroviseur est beaucoup plus petit que votre pare-brise. Il est donc logique de conclure que lorsque vous êtes en marche, vous voyez, considérez et évaluez beaucoup plus de choses en regardant devant vous plutôt que dans votre rétroviseur. Et, en réalité, ce qui se trouve devant vous est beaucoup plus important que ce qui se trouve derrière vous lorsque vous conduisez votre voiture. Ce qui est derrière est passé (immuable) et ce qui est devant est à venir (futur incertain).

Il en est de même avec la vie en général. Malheureusement, dans la vie, nous avons parfois tendance à considérer davantage le rétroviseur que le pare-brise. Nous nous concentrons sur le passé et oublions l'importance de l'avenir. Et l'une des émotions qui tendent à nous faire agir de cette façon, c'est la peur. La peur est basée sur nos expériences antérieures qui nous incitent à broyer du noir, à envisager l'avenir sombrement (à travers des verres colorés en noir).

Inutile de préciser que si vous souhaitez vous libérer de cette peur et devenir un adepte de la performance optimale, vous allez devoir prendre certaines mesures pour éliminer les barrières provoquées par la peur et qui constituent autant d'obstacles sur votre route. Après tout, votre but consiste à agir de façon plus intelligente et non pas à vous compliquer l'existence. L'un des moyens permettant d'atteindre ce but consiste à éliminer la peur de votre processus mental. Votre aptitude à vous reconcentrer lorsque les choses deviennent compliquées vous libérera de cette émotion indésirable qu'est la peur paralysante.

La Gratitude élimine la P E U R

Considérons le moyen mnémotechnique suivant pour définir le processus mental qui vient inévitablement avec la peur.

P	pensée
E	erronée
U	utilisée
R	réellement

La peur est une pensée erronée utilisée de façon réelle (P.E.U.R.).

En effet, la peur est généralement le fruit de notre appréhension de ce qui pourrait se produire dans le futur. La peur peut également apparaître si nous transposons le souvenir d'une expérience déplaisante antérieure sur une expérience nouvelle. Une autre façon de définir la peur ou l'inquiétude pour certains, c'est de la comparer aux intérêts payés pour un emprunt qui n'a pas encore été concrétisé. En réalité, il n'y a aucune raison d'avoir peur puisque l'événement considéré n'a pas encore eu lieu.

Martin Seligman[16], dans son livre «Learned Optimism », nous explique comment nous pouvons réduire l'impact de la crainte de l'inconnu (un événement à venir, un résultat potentiel, une situation considérée comme critique) et ses effets dévastateurs, en envisageant le résultat escompté sous l'angle de la pensée positive. Le fait d'aider notre subconscient à comprendre qu'il existe un aspect positif dans l'événement ou la situation considérée, produit un effet bénéfique qui contrebalance l'aspect négatif et réduit le sentiment d'impuissance en face de la peur. Il parle de l'optimisme savant.

L'une des techniques permettant d'imprégner notre cerveau de pensées positives consistent à se concentrer sur les choses, les personnes et les événements envers lesquels nous éprouvons de la **gratitude**.

Prenons l'exemple de notre santé. Généralement, c'est lorsque nous tombons malades que nous apprécions véritablement le fait d'être en bonne santé. Mais qu'en est-il de notre intelligence, de nos facultés mentales ? Considérez ceux qui sont dotés de capacités mentales limitées. Ne vous sentez-vous pas privilégié, heureux, ne ressentez-vous pas une sensation de confort lorsque vous comparez votre situation à celle de ces personnes confrontées aux difficultés représentées par leurs handicaps?

---

[16] Seligman, Martin. *Learned Optimism*. Pocket Books. Simon & Schuster. New York 1992.

AïM, la Maîtrise de la vie

Lorsque nous considérons notre environnement, nous réalisons très vite l'aspect privilégié de notre existence grâce à la technologie, aux outils, au confort de nos habitations, etc. qui simplifient considérablement notre vie, en comparaison de celle des habitants des pays du tiers-monde. En fait, il est très facile de découvrir de nombreuses raisons d'être reconnaissants et de rendre grâce pour ce que nous possédons.

L'astuce consiste à faire l'effort de nous rappeler, périodiquement, tous les motifs de gratitude que nous avons. Y réfléchir nous aide à développer en nous un état d'esprit positif exprimant la gratitude pour toutes les bontés de notre vie. Cet état d'esprit peut nous servir admirablement lorsque les choses ne vont pas si bien.

Cet état d'esprit positif agit comme de bonnes semences semées dans un jardin. Il alimente votre subconscient positivement afin de rejeter l'ivraie des pensées négatives. En votre qualité de pratiquant de la performance optimale, si vous semez, cultivez et entretenez une croissance saine, vous permettrez, avec le temps, à votre cerveau subconscient, de repousser la peur et de ne se concentrer que sur les possibilités positives.

N'étant que des êtres humains et non pas des machines, la peur réapparaîtra occasionnellement en nous. Mais ces occasions deviendront de plus en plus rares et de plus en plus espacées. Et progressivement, vous deviendrez de plus en plus capable de réduire ces occasions et, avec le temps, vous chasserez totalement la peur de votre esprit. Comme toutes les autres activités mentales, celle-ci peut-être implantée et fortifiée grâce à l'entraînement.

Lorsque j'étais plus jeune, j'ai commencé ma carrière professionnelle en qualité d'ingénieur. Comme je pratiquais mal la langue anglaise, j'appréhendais le jugement des autres à ce sujet. Cela m'embêtait, me rendait timide, gauche et me conférait un sentiment d'infériorité qui m'empêchait d'affronter correctement les situations difficiles. J'avais, pourtant, confiance en moi mais je ne communiquais pas bien avec les autres.

Toutefois, je disposais d'un avantage qui me permit d'éliminer ces craintes. Je m'accrochais au fait que je pouvais m'exprimer aussi bien en anglais qu'en français, contrairement aux personnes avec lesquelles je travaillais. Avec le temps, et la répétition de mes moments de gratitude pour mes compétences linguistiques, je vainquis ma peur. Aujourd'hui, j'apporte mon aide, je parle et j'entraîne aussi bien en anglais qu'en français, et mon anglais est presque parfait.

Votre gymnase mental

Comme pour chacun des ingrédients composant la recette de la performance optimale, vous voudrez que l'expression de votre gratitude devienne une habitude, en quelque sorte une réaction automatique qui soutiendra vos efforts dans le processus de création de la performance optimale dans votre vie.

De ce fait, vous renforcerez les connexions de votre cerveau grâce à la répétition de votre gratitude, de la même façon que vous développez votre force musculaire en vous entraînant dans le gymnase avec les différents appareils. Il est fortement recommandé d'ajouter l'exercice de gratitude dans le cadre du processus destiné à atteindre la performance optimale. À la suite de la relaxation, des affirmations positives et de la visualisation créatrice, une période d'expression de votre gratitude devrait être ajoutée comme partie intégrante de votre entraînement.

Une méthode très efficace pour cela consiste à penser à quatre ou cinq raisons d'être reconnaissant, à ce moment précis. Tout comme les affirmations positives, votre gratitude devrait être exprimée par des mots qui vous apportent stimulation et exaltation. À chaque entraînement, vous devriez choisir de nouvelles raisons de gratitude afin d'injecter de la variété dans l'exercice.

Voici comment j'exprime ma gratitude dans ces moments-là. Par exemple, je me concentre sur ma famille et remercie Dieu de m'avoir accordé des enfants intelligents et en bonne santé. Je suis également reconnaissant pour le fait qu'ils mènent une vie équilibrée. J'exprime ma gratitude de les avoir dans ma vie, dans les moments agréables comme dans les moments difficiles et d'être en mesure d'écouter leurs avis. Et je suis reconnaissant de la fierté paternelle que je ressens à leur égard.

Cette pratique ne requiert que peu de temps et ces instants de gratitude agissent comme un rappel de la merveilleuse vie qui est la mienne. Cette pratique renforce mon désir d'agir de façon bénéfique envers mon entourage. Je n'ai pas peur de l'avenir !

Donc, réfléchissez, décrivez et ressentez toutes les raisons que vous avez d'être reconnaissants à ce moment précis : il peut s'agir de fleurs, de l'odeur du café, de la gentillesse de vos enfants, des qualités formidables de votre partenaire, de parents qui ont pris soin de vous, d'amis chers, de compétences que vous appréciez particulièrement, etc., etc.

Assurez-vous que vous ressentez toutes ces raisons de gratitude avec <u>émotions</u>, lorsque vous y réfléchissez. Vivez intensément cette sensation dans tout votre corps. Appréciez le fait que toutes ces choses, ces événements ou ces personnes pour lesquels vous exprimez votre gratitude, vous aide à avoir une vision positive des choses, à voir, en quelque sorte, la vie en rose, et contribue à chasser la peur de votre vie !

Comptabiliser vos bénédictions

Comptabiliser vos bénédictions occupera votre esprit et implantera au niveau subconscient vos raisons de penser positivement.

Nous oublions, trop souvent, tout ce qu'il y a de positif autour de nous. Nous ne percevons plus très bien la chance que nous avons car cette vision est obscurcie par les mauvaises nouvelles diffusées dans les journaux, l'Internet, la radio et la télévision. Les informations constituant une sorte de divertissement, et les êtres humains étant fascinés par le morbide, il semble, par moment, que les médias se donnent le mot pour créer une atmosphère d'impuissance, de désillusion et de résignation.

Il est fondamental de bien comprendre que si nous voulons atteindre et dépasser le seuil optimal de nos capacités, il nous faudra déchirer le voile de la négativité. Nous devons tout faire pour atteindre notre rendement optimum. Le fait de comptabiliser vos bénédictions permet en quelque sorte de contrebalancer l'influence des forces extérieures et réduire la paralysie engendrée par la peur.

Mettre votre Ego en échec

Trop souvent nous laissons notre ego prendre le dessus, ce qui nous incite à penser que nous méritons mieux, que nous devrions être épargnés, que nous ne devrions pas avoir à souffrir de l'impact produit par toutes les choses qui créent la peur sur une grande échelle. Pour ceux qui lisent l'anglais, je recommande la lecture d'un petit bouquin traitant de l'ego, écrit par Wayne Dyer[17].

À certains moments, il est difficile d'avoir une vision claire et d'alléger le fardeau de la peur générée par des influences extérieures. Nous permettons à notre ego d'apparaître et nous nous posons certaines questions : « et mes besoins ? », « Pourquoi devrais-je renoncer à mon opinion ?», « à votre avis, quel sera mon état d'esprit si je renonce ? » « Que me reste-t-il de positif ? »

Parfois, nous devons agir énergiquement pour nous ramener à la réalité. L'une des façons d'y parvenir, consiste à utiliser la technique «Les Yeux de Wally. » De quoi s'agit-il ?

Wally Kozak est un homme remarquable que je connais depuis des années. C'est un excellent coach, un philosophe, un profond penseur, un mentor et un excellent ami. Nous sommes au même diapason en ce qui concerne notre

Les yeux de Wally
☹ - tristes
☺ - joyeux

façon de penser, les livres que nous lisons, et nous nous concentrons sur la meilleure façon de permettre aux gens de découvrir leur don (selon l'expression de Wally.) Le don fait référence à l'expérience, à la spécialité, aux compétences, aux talents et aux connaissances qu'une personne a accumulés au cours de sa vie.

Permettez-moi de vous expliquer ce que j'entends par « Les yeux de Wally ».

Wally a conçu, développé et mis en application une technique destinée à enseigner comment croire à la puissance de l'action de notre cerveau. Cette technique a été enseignée

---

[17] Dyer, Wayne W. *The Shift: Taking Your Life from Ambition to Meaning.* Hay House. 2010

pendant de nombreuses années dans les domaines des affaires et du sport, et ce, des athlètes de sports mineurs aux professionnels et aux athlètes olympiques.

«Les yeux de Wally» expriment les émotions. Ces icônes communément rencontrées sur l'Internet, et en particulier, avec les médias sociaux, sont utilisées pour exprimer un état émotionnel (on les appelle des émoticons).

Les «yeux de Wally» sont représentés par les deux icônes, illustrées ci-dessus, l'une représentant la tristesse et l'autre, la joie. Wally utilise ces deux figures pour illustrer la façon dont notre état d'esprit est influencé par ce que nous voyons (nous nous sentons pleins de force ou, au contraire, impuissants).

Pour illustrer cela, Wally utilise un exercice au cours duquel deux participants doivent se placer l'un à côté de l'autre et se faisant face. L'un des participants tend son bras horizontalement en prolongement de son épaule devant sont partenaire. Le partenaire place sa main sur le poignet du bras étendu. Wally demande, ensuite, à la personne dont le bras est étendu de regarder les deux icônes, en commençant par celle qui sourit. On demande ensuite au partenaire d'appuyer sur le poignet de l'autre participant. Lorsque le premier participant regarde l'icône souriante, son bras reste ferme. Mais lorsqu'il regarde l'icône triste, son bras devient faible et son partenaire peut facilement l'abaisser.

Faites cette expérience avec une personne en qui vous avez confiance. Vous serez frappé en constatant qu'une simple image peut vous stimuler ou, au contraire, vous affaiblir. Vous ne pourrez plus jamais nier l'influence qu'exerce sur vous ce que vous voyez ou ce que vous pensez.

AïM, la Maîtrise de la vie

Pour clarifier l'aspect technique de cette expérience, ceci est une méthode de kinésiologie appliquée (KA)[18] qui comporte l'usage thérapeutique des mouvements du corps. Le test musculaire est un outil important de la méthode.

Pour conclure, rappelez-vous ! Votre cerveau subconscient ne peut faire la différence entre le réel et l'imaginaire. Faites très attention aux idées ou aux images que vous laissez vagabonder dans votre esprit. Elles peuvent vous rendre forts ou, au contraire, vous affaiblir.

Il en est de même avec la performance optimale. Soyez attentif ! Sachez reconnaître le moment opportun ! Pensez aux « yeux de Wally ». Apprenez à chasser la peur, de façon automatique, en exprimant votre gratitude. Ainsi, vous verrez la vie en rose ! Et cela est extrêmement stimulant !

Garder la foi !

> « L'échec humain n'a qu'une seule cause : c'est le manque de foi de l'homme en sa véritable nature. »
> — **William James,** psychologue et écrivain

Enfin, si vous désirez que votre discours interne positif soit efficace, il vous faudra fournir le maximum de détails destinés à bien définir l'image que vous vous représentez. En effet, le cerveau fonctionne beaucoup mieux lorsqu'on lui fournit des images. Plus vous fournirez de détails, plus les schémas mentaux que vous créerez seront puissants. En particulier, lorsque vous exprimez votre gratitude, assurez-vous de fournir à votre cerveau de solides informations dont il pourra se nourrir afin de se retrouver à une place ou la peur ne peut fleurir.

---

[18] La KA a été créée en 1964 par George J. Goodheart Jr., D.C.

Rappelez-vous que vos émotions tendent à vous aveugler. L'élimination de la peur est un acte qui peut vous aider à voir clair, donner le départ et à assurer le bon déroulement de votre cheminement en direction de l'excellence et de la performance optimale.

Gardez la foi dans la promesse de la méthode. Pratiquez sans rechercher des résultats précis. Avec le temps, vous découvrirez la magie de la croyance qui résulte de la répétition. Répétez votre exercice de gratitude et chassez la peur de votre vie.

En l'absence d'émotions négatives indésirables qui ne peuvent qu'assombrir le tableau, vous créerez un élan très fort en direction de votre but et vous vous libérerez de la chape de doute qui pèse sur vous lorsque vous n'êtes pas certain du résultat. Croyez et vous obtiendrez le résultat recherché ![19]

[19] Dyer, Dr Wayne W. *You'll See IT When You Believe It.* Harper Paperbacks. 2001.

Étape 5 – Créer la Maîtrise

Successivement, vous avez appris à relaxer et à maîtriser l'activité de votre cerveau. Ensuite, en état de relaxation, vous avez appris à injecter de nouvelles pensées dans votre subconscient grâce aux affirmations positives (la petite voix intérieure.) Puis, vous avez appris à ancrer ces pensées au niveau mental grâce à la visualisation créatrice, afin que la performance optimale devienne un état permanent. Vous avez ensuite consolidé ce nouvel état mental grâce à la pratique de l'expression de votre gratitude. La P E U R étant fortement réduite et même éliminée, les émotions négatives n'auront que très peu d'influence sur votre concentration; vos barrières mentales seront réduites de beaucoup.

Le moment est maintenant venu de mettre la lettre **M** de l'anagramme **AïM** à l'œuvre. Nous avons déjà accompli beaucoup en développant l'alerte à notre prise de conscience, en intériorisant ce concept et en l'intégrant dans notre routine quotidienne. Toutefois, il est indispensable que l'approche consistant à appliquer le principe de «**la bonne chose, avec le bon dosage, au bon moment**^{MC}», devienne une habitude, une seconde nature.

Il est nécessaire d'utiliser une approche structurée et disciplinée afin de nous assurer d'obtenir un processus uniforme, constant et répétitif garantissant d'obtenir la performance optimale. «… À chaque instant, tout le temps, pour toujours » (Bill Conway,

AïM, la Maîtrise de la vie

Spécialiste en Gestion de la Qualité Totale, expert-conseil dans le domaine des Principes de Deming[20]).

Pratiquer, Pratiquer, Pratiquer – Le gymnase mental

Si vous interrogez n'importe quelle personne ayant atteint un haut niveau de compétence, qu'il s'agisse des domaines du sport, des affaires ou de la vie quotidienne, et si vous lui demandez la raison de sa réussite dans son domaine, vous entendrez parler de sa concentration, de son approche disciplinée et... de sa pratique constante, sous quelque forme que ce soit.

> Ou vous vous améliorez, ou vous perdez vos habiletés; il n'y a pas de place de repos.
> - **Woody Hayes,** fameux défunt coach, Buckeyes de l'université de l'Ohio.

Woody Hayes, le fameux coach des Buckeyes, l'équipe de football de l'université de l'Ohio (1951-1978 ; 238 victoires et 72 défaites), prononça ces paroles fameuses, « ou bien vous vous améliorez, ou bien vous perdez vos habiletés. » Il avait parfaitement compris que le sentiment d'avoir atteint les sommets constituait, au bout d'un certain temps, un piège qui menait à l'échec. Sa philosophie nous rejoint dans les trippes - si vous voulez réussir, vous devez, sans relâche, améliorer vos compétences.

Donc, quel que soit le domaine considéré, la **maîtrise** de vos compétences ne peut survivre et s'épanouir que par une pratique constante.

Si vous souhaitez développer votre musculature et conserver votre souplesse et votre agilité, vous devez fréquenter régulièrement le gymnase ou faire certains exercices. Il en est

---

[20] Deming, William Edwards. Lire à propos de Deming et ses Principes dans Wikipedia

de même pour l'entretien de vos capacités mentales obtenues grâce à la prise de conscience, l'intériorisation, l'intégration et la pratique qui doivent être maintenues grâce à une concentration constante et une répétition ciblée dans votre gymnase mental.

Le meilleur moyen de vous assurer que le gymnase mental fera véritablement partie de vous-même, consiste à l'intégrer au sein de votre routine quotidienne en l'inscrivant à votre ordre du jour. Cette pratique doit prendre place chaque jour pour être entièrement efficace. Programmez-la afin de ne pas l'oublier. Accordez-lui la même importance que celle que vous accordez à votre nourriture et à l'eau nécessaires à votre organisme. Considérez-la comme indispensable en toutes circonstances. Apprenez à conserver votre agilité et votre force mentales.

Vince Lombardi, le fameux coach de l'équipe des Packers de Green Bay, équipe de football américain, avait l'habitude de dire, « la fatigue fait de nous tous des lâches. »

> La fatigue fait de nous tous des lâches.
> - **Vince Lombardi**, fameux défunt coach,
> Packers de Green Bay.

Agissez activement pour rester toujours en forme (je parle de forme mentale), afin de maîtriser votre processus de réflexion, de façon à ce que vous ne soyez jamais épuisé au moment le plus inopportun. En devenant mentalement fatigué, vous aurez tendance à devenir un « lâche » et vous serez peu enclin à donner le meilleur de vous-même.

En définitive, vous éprouverez des regrets et ce n'est pas le but recherché.

AïM, la Maîtrise de la vie

Planifier, Planifier, Planifier

On dit généralement que « échouer dans la planification équivaut à planifier son propre échec. »

La vie est constituée d'une série d'événements dont un grand nombre sont inattendus. Si vous voulez réussir dans vos entreprises, vous devez avoir un plan. Aucun succès n'est possible sans plan.

Considérez votre nourriture. Si vous voulez être en bonne santé, si vous voulez alimenter votre corps avec une nourriture saine, vous devez planifier votre menu, économiser la somme nécessaire pour acheter cette nourriture, et préparer les plats correctement pour votre repas. Autrement, vous laissez votre santé physique à la chance.

Les mêmes règles s'appliquent en ce qui concerne la performance optimale.

Vous devez planifier vos activités afin que vous puissiez disposer du temps nécessaire pour votre pratique **quotidienne.** Je suis très sérieux. Vous devez prendre l'habitude de vous entraîner mentalement. Autrement, il est très facile de dérégler ce processus, d'oublier de vous entraîner et, finalement, de torpiller complètement vos efforts destinés à obtenir la performance optimale.

Bien entendu, tout dépend de votre motivation. Mais ne vaut-il pas la peine de franchir les différentes étapes qui rendront votre vie la plus agréable possible ?

Je vous encourage vivement à trouver le temps de vous entraîner mentalement. Simplifiez-vous la vie en planifiant les étapes qui jalonnent votre route. Concentrez-vous sur ce qui est important, sur tout ce qui vous permettra de tirer le meilleur de vous-même. Assurez-vous de fréquenter votre gymnase mental au cours de votre routine quotidienne.

Agir, Agir, Agir

Cela peut vous sembler quelque peu répétitif mais n'oubliez pas que la répétition représente la clé de la maîtrise.

C'est pourquoi, non seulement est-il important de vous concentrer sur ce que vous souhaitez faire pour devenir un adepte de la performance optimale, mais il est aussi absolument obligatoire que vous fassiez ce qui est nécessaire pour mettre en œuvre la performance optimale.

Un concept utile à se rappeler est le suivant :
« à chaque action correspond une réaction opposée et de même intensité. »

> *À chaque action correspond une réaction opposée et de même intensité.*
> **- Loi de la physique**

Il s'agit là d'une loi physique irréfutable qui s'applique aussi bien dans le domaine de la physique que dans le domaine mental. Cette loi stipule que si vous agissez, vous produirez des résultats. La société Nike appliqua certainement ce concept lorsqu'elle adopta le slogan, « faites-le ! »

Certains jours, vous douterez peut-être de l'utilité des efforts que vous accomplissez pour créer des habitudes mentales vous permettant d'appliquer **la bonne chose, avec le bon dosage, au bon moment**[MC]. Soyez bien certains que si vous appliquez consciencieusement le concept, « agir, agir, agir, » vous provoquerez une réaction. Si vous restez concentré sur le processus et accomplissez ce que vous avez prévu d'accomplir, les résultats s'en suivront.

AïM, la Maîtrise de la vie

Avec le temps, en étant constamment en **alerte** d'une prise de conscience et grâce à une pratique soutenue, vous parviendrez à la performance optimale. Celle-ci deviendra une habitude. C'est alors que vous comprendrez véritablement l'impact produit lorsque l'on accomplit **la bonne chose, avec le bon dosage, au bon moment**^{MC}. Cette seconde nature vous aidera à faire le bon choix dans la plupart des circonstances. Vos réseaux neurobiologiques prendront les commandes et vous constaterez que vous appliquez la performance optimale dans des domaines que vous n'auriez jamais imaginés possibles d'améliorer.

Les réseaux neurobiologiques

Bien que n'étant pas un expert dans le domaine extrêmement complexe des échanges neurochimiques de la mémoire, je sais, cependant, que les connaissances transférées dans notre cerveau résultent directement de la capacité innée de notre subconscient à utiliser des connaissances de soutien dans des domaines situés en dehors du domaine de notre conscience.

Par exemple, dans le cas du contrôle de notre poids, les différents réseaux neurobiologiques à l'oeuvre qui fournissent une approche structurée et disciplinée destinée à maintenir notre programme de conditionnement physique, peuvent répandre leur impact au système neurologique qui contrôle notre appétit et conséquemment notre poids.

Ainsi, comme par magie, nos habitudes alimentaires deviennent plus équilibrées et nous permettent ainsi de contrôler efficacement notre poids.

Et il ne s'agit que d'un exemple. Subconsciemment, nous récoltons les bénéfices de la performance optimale dans des

---

situations où nous n'avions jamais tenté de contrôler nos émotions. Cette capacité est transmise, grâce aux réseaux neurobiologiques, aux différentes parties de notre cerveau. Et cela se produit tout au long de notre vie quotidienne.

Très simplement, les réseaux neurobiologiques sont constitués d'ensembles de cellules cervicales composées de neurones (des cellules excitables électroniquement qui produisent et transmettent les informations par impulsions électriques et chimiques), à partir desquels s'étendent de multiples dendrites (petites branches qui agissent comme des récepteurs), et les axones qui leur sont attachés et qui envoient des impulsions électriques aux neurones environnants grâce à leurs réseaux de synapses (qui jouent le rôle d'émetteurs.)

Image d'une neurone

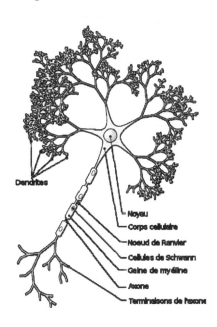

Dendrites
Noyau
Corps cellulaire
Noeud de Ranvier
Cellules de Schwann
Gaine de myéline
Axone
Terminaisons de l'axone

Lorsqu'un signal est envoyé par un axone vers les synapses qui agissent avec les dendrites environnantes, il se produit un transfert de connaissances. Selon les spécialistes en ce domaine, bien que ce concept ne puisse être expliqué ou reproduit, il a été établi que c'est ainsi que le cerveau s'éduque progressivement. Et les bonnes habitudes dans une activité se reproduisent dans une autre activité totalement différente.

Toutes les cellules cervicales étant regroupées dans cette masse de matière grise située entre nos oreilles, nous pouvons compter sur cette capacité naturelle qui est constamment en action pour nous assister dans notre cheminement vers la performance optimale. Si vous souhaitez approfondir ce sujet fascinant, je vous recommande l'explication simplifiée de ce mécanisme que vous trouverez dans Wikipedia sur l'Internet, à la rubrique « réseau de neurones. »

Étape 6 – Ancrer la performance

Nous voici parvenus à la dernière étape du processus destiné à atteindre la performance optimale. Tout ce que vous avez élaboré jusqu'à présent est maintenant prêt à être assemblé en un tout harmonieux.

Vous allez pouvoir puiser dans cet arsenal de performances afin d'obtenir la TRACTION et les conseils requis dans chaque situation de votre vie quotidienne. Vous allez avoir très rapidement accès à toutes les capacités que vous avez ancrées dans votre subconscient et qui, désormais, constituent pour vous, une seconde nature.

Se transporter dans son cercle

Afin d'ancrer profondément la performance optimale dans votre routine quotidienne, examinons un principe de psycho-cybernétique[21] (sous l'appellation récente de programmation neuro-linguistique), afin de transformer l'intégralité du processus en un puissant déclencheur, c'est-à-dire, un moyen de parvenir presque instantanément à l'état propice à la réalisation de la performance optimale (la ZONE).

Ce déclencheur vous place instantanément dans un état où les bénéfices tirés de la relaxation, des affirmations positives, de la visualisation créatrice, de l'expression de votre gratitude et de la pratique soutenue et répétée se conjuguent en synergie afin de vous transformer en une personne forte et compétente, capable de relever n'importe quel défi surgissant sur votre route.

---

[21] Summer, Bobbe, Ph.D. avec Falstein, Mark. *Psycho-Cybernetics 2000*. Prentice-Hall, NJ. 2000

Le concept vise à créer une imagerie mentale capable de vous faire passer à volonté, de n'importe lequel état d'esprit routinier à un état de performance optimale.

> *Se transporter dans son cercle de performance =*
> *passer de la routine à la performance optimale.*

L'expression « se transporter dans son cercle de performance » est utilisée pour décrire l'action correspondant au passage de la routine à l'activité concentrée. L'image du « cercle » est destinée à symboliser un état permanent et holistique. En effet, un cercle n'a ni commencement, ni milieu, ni fin. Vous vous trouvez, soit dans le cercle, ou en dehors du cercle, créant ainsi une définition très distincte de l'endroit où vous vous trouverez lorsque vous serez dans l'état d'esprit menant à la performance optimale.

La programmation neuro-linguistique

Afin d'utiliser cet outil de façon efficace, il est souhaitable d'avoir une compréhension relative de la façon dont fonctionne ce concept. En ma qualité de profane dans ce domaine, je vais vous en faire une description sommaire. Il a été beaucoup écrit à ce sujet et si vous souhaitez en apprendre davantage, j'ai inclus un certain nombre de références que vous pouvez consulter.

La programmation neuro-linguistique^{MC} (PNL^{MC}) est définie comme l'étude de la structure d'une expérience subjective (nos schémas mentaux élaborés au fil des ans, toutes les expériences de notre vie quotidienne). Un certain nombre de personnes telles que Virginia Satir, Milton Erickson et Fritz Perls[22], ont obtenu, au fil du temps, des résultats étonnants

---

[22] Satir, Virginia; Erikson, Milton et Perls, Fritz. Experts dans le domaine de la modification cognitive des comportements

avec leurs patients, en utilisant les schémas de la structure du comportement, afin de les aider à prendre conscience de leurs mauvaises habitudes et créer de nouveaux schémas de pensée qui leur permirent de reprendre le contrôle de leur vie.

Grâce à l'utilisation de ces structures comportementales, Richard Bandler[23] et John Grinder[24] (co-inventeurs de la PNL) élaborèrent de nouveaux moyens de compréhension de la façon dont la communication verbale et non verbale affecte le cerveau humain. Ces moyens nous offrent l'occasion d'apprendre comment contrôler les fonctions automatiques de notre propre neurologie, « notre système de réflexion ». La PNL peut également nous aider à mieux communiquer avec notre entourage.

En termes simples, la PNL est une technique utilisable par tous dans le but de corriger les comportements indésirables ou de créer de nouveaux comportements grâce à l'utilisation de techniques qui s'adressent au système nerveux.

Nous sommes constamment exposés aux signes qui démontrent comment fonctionne la PNL.

Par exemple, après avoir goûté un met nouveau que vous trouvez délicieux, vous vous mettrez à saliver à la pensée d'en manger de nouveau, chaque fois que ce met sera mentionné. Vous avez été programmés. Sur le plan visuel, lorsque vous assistez à un accident, vous vous sentez mal à l'aise lorsque vous vous retrouvez à l'endroit où cet accident s'est déroulé. Ici aussi, vous avez été programmé, grâce à un stimulus

---

[23] **Richard Wayne Bandler** (né le 24 février 1950) est un écrivain américain et instructeur en psychologie alternative et pour les groupes d'entraide. Il est mieux connu comme le co-inventeur (avec John Grinder) de la Programmation neurolinguistique (PNL), un ensemble de concepts et techniques visant à comprendre et transformer les modèles de comportements humains.

[24] **John Grinder** Ph.D. (né le 10 janvier 1940) est un linguiste américain, écrivain, consultant en gestion, instructeur et orateur.

visuel, afin d'éprouver de la crainte à cet endroit. Le même principe s'applique pour les sons, le toucher et les odeurs. Lorsque vous sentez de la fumée, vous pensez immédiatement à un feu. Il s'agit d'exemples de schémas comportementaux qui génèrent nos réactions (automatisme) dans certaines situations.

Ce principe est normal et facilement compréhensible. Nous l'appliquons quotidiennement. Son gros avantage, c'est qu'une fois que nous reconnaissons que ce processus est toujours en action, nous pouvons l'utiliser pour nous programmer. Nous pouvons ainsi développer notre capacité à produire des réactions prévisibles et utiles dans certaines situations difficiles.

Installer le cercle

Grâce à l'utilisation du concept de la PNL qui permet de créer des schémas mentaux, il vous est désormais possible de créer un modèle destiné à consolider et à regrouper les diverses étapes du cycle de la performance optimale que vous avez apprises. Vos divers sens sont semblables aux touches du clavier d'un ordinateur. Il est maintenant essentiel d'associer à une image mentale puissante, toutes les connaissances et les compétences emmagasinées grâce à la pratique mentale de la relaxation, des affirmations positives, de la visualisation créatrice, de l'expression de la gratitude et de la répétition.

La technique suggérée, basée sur les travaux des spécialistes en ce domaine, consiste à créer une image mentale d'un **Cercle de performance**.

C'est dans ce cercle que sont stockés tous les bénéfices tirés au cours des étapes que vous avez pratiquées et qui sont prêts à être utilisés. Les bienfaits de la relaxation, des affirmations positives, de la visualisation créatrice, de l'expression de la gratitude et de la répétition sont prêts à être actionnés au moment voulu. Désormais, ils font partie de vous-même. Ils représentent une réaction automatique prête à être déclenchée lorsque vous le souhaiterez.

Processus d'installation

Pour installer la performance optimale à volonté, il faut, tout d'abord, vous mettre à l'état de repos, technique que vous avez déjà apprise grâce à la pratique du **Processus 3R^{MC}**.

Après avoir atteint l'état de repos, fermez les yeux, et imaginez votre **Cercle de Performance** sur le sol, à côté de vous. Dans ce cercle, voyez vos talents, vos connaissances, vos compétences et le désir d'accomplir de bonnes performances, que vous avez développés au cours de vos séries d'entraînement, dans votre gymnase mental.

Ressentez la force, l'énergie, la pulsion, la confiance et la foi en vos capacités qui surgissent grâce à votre concentration sur le **Cercle**. Prenez conscience de la transformation qui se produit dans votre corps, au fur et à mesure de l'approfondissement de votre concentration sur les possibilités que le cercle crée pour vous.

Lorsque vous sentez une chaleur se répandre dans votre dos, lorsque vous vous sentez prêt à agir, faites un pas de côté (tout comme si le cercle était physiquement là) et transportez vous dans votre **Cercle de Performance**. Vous êtes, désormais, dans l'état mental propice, dans la « zone » et pleinement équipé pour relever votre prochain défi.

Comme pour toutes les phases du processus d'intégration de la performance optimale, cet exercice mental doit être pratiqué assidûment et conclu par un mouvement physique afin de l'ancrer définitivement dans votre centre de stockage des modèles mentaux. Il est recommandé que vous vous transportiez dans votre **Cercle de Performance** (vous intégrer au cercle) au cours de chacune de vos sessions dans le gymnase mental, c'est-à-dire quotidiennement.

Avec la pratique, cela deviendra, pour vous, une seconde nature (un automatisme). Le fait de fermer les yeux, d'imaginer le cercle, de sentir la force envahir votre corps, puis, de pénétrer (se transporter), de façon répétée, dans votre Cercle de Performance, vous permettra, en dernier ressort, de pratiquer cette technique avec compétence.

Le cycle de relaxation, visualisation, imagination des bienfaits, et de faire l'action physique de faire le pas pour entrer dans votre cercle (Étape 6 en entier) devrait être répété au moins 2-3 fois, chaque fois que vous visitez votre gymnase mental.

Une fois ce schéma mental bien ancré en vous, (après 20 à 30 jours), vous serez capable de vous placer dans l'état propice (la zone) vous permettant d'agir au mieux de vos compétences. Avec le temps, vous apprécierez le fait de pénétrer dans votre **Cercle de Performance** car cela vous permettra de modifier vos sensations instantanément !

Au fil du temps, vous ressentirez le besoin de faire appel à votre Cercle, non pas à tout moment, mais dans les moments où vous aurez véritablement besoin d'accomplir **la bonne chose, avec le bon dosage, au bon moment**[MC] ! Dans ces moments-là, lorsque vous devrez agir avec le maximum d'efficacité, vous aurez la possibilité d'apaiser votre cerveau et de faire face à la situation avec le maximum de vos capacités. Vous aurez acquis la maîtrise de vos performances sur demande.

Témoignage d'un maître coach

Wally Kozak est impliqué dans le domaine de la performance optimale depuis de nombreuses années. Dans le cadre de son implication intense dans l'aide aux athlètes de haut niveau, il faisait partie de l'équipe nationale de hockey féminin du Canada qui remporta la médaille d'or lors des jeux olympiques d'hiver de Salt Lake City, en 2002. Après avoir lu la description du processus d'installation ci-dessus, il déclara :

> « Il est intéressant de noter combien ce concept est similaire à la routine de préparation de l'équipe féminine olympique de 2002. Cette routine comprenait une séance de préparation autogène, au cours de laquelle les joueuses se relaxaient et se voyaient rappeler combien nous étions prêts pour accomplir la « performance optimale » et être à notre « meilleur niveau » au cours du match de la finale. Cette séance fournit à l'équipe la base indispensable pour produire le résultat final.
>
> Le résultat n'était jamais mentionné et l'accent était placé uniquement sur notre excellente préparation qui devait nous permettre d'affronter n'importe quelle situation technique ou émotionnelle au cours de la finale.
>
> Nous avions suivi le Processus 3R à la lettre et nous l'avions appliqué strictement au cours de la saison ce qui avait permis d'ancrer profondément un "état de performance idéale" dans l'esprit des joueuses de l'équipe. Ce fut l'application du principe, **la bonne chose, le bon dosage, au bon moment**. La relaxation, les affirmations positives, la visualisation créatrice et l'expression de la gratitude furent appliquées au bon

moment, fournissant ainsi les ingrédients nécessaires à la performance optimale.»

Points importants à se rappeler

Afin de créer la performance optimale d'une façon efficace et productive, il est indispensable d'instaurer une approche systématique et structurée permettant de créer une méthode uniforme, constante et fiable. Cette approche comporte six étapes. Toute étape omise peut ruiner vos efforts et produire un résultat inférieur à celui espéré.

- Étape 1 –
  Apaiser votre cerveau. Préparez les cellules cervicales pour qu'elles soient malléables et qu'elles puissent s'adapter afin de recevoir les ordres que vous enverrez au cerveau au cours des étapes suivantes.

- Étape 2 –
  Recadrer le discours interne. Apprenez à guider votre discours interne afin de créer de nouveaux schémas de pensée qui aideront à soutenir les nouveaux comportements souhaités. Développez une technique d'affirmations positives très fortes.

  Étape 3 –
  Visualiser le futur au présent. Afin de créer un avenir brillant, il est souhaitable de le concevoir et de le visualiser. Assurez-vous que cette vision contient tous les détails susceptibles de stimuler votre subconscient afin qu'il vous ATTIRE vers les résultats souhaités. Vous avez appris à visualiser les résultats souhaités de façon à créer de nouveaux schémas de pensée qui vous guideront vers la performance optimale.

- Étape 4 –
  Exprimer la gratitude. Non seulement est-il nécessaire d'élaborer un processus puissant destiné à créer de nouveaux schémas de réflexion, il est également indispensable d'éliminer votre tendance naturelle à laisser la peur de l'inconnu interférer dans votre progression vers la performance optimale. Assurez-vous que votre effort est réduit au minimum en supprimant les barrières créées par la PEUR qui font obstacle à l'atteinte de votre performance. Regardez les choses à travers une lentille positive.

- Étape 5 –
  Créer la maîtrise. Tous ceux qui réalisent des performances de haut niveau le savent, le secret de la performance optimale, c'est la maîtrise. Au fil du temps, la clé de la maîtrise, c'est la pratique répétée avec discipline. Vous disposez, désormais, d'une recette vous permettant de vous assurer la maîtrise. Vous pouvez structurer votre pratique de façon à créer une réponse automatique lors des moments de défi.

Étape 6 –
Ancrer la performance optimale. Cette dernière étape vous garantit que vous parviendrez, à volonté, à vous plonger dans l'état propice (la zone) à l'atteinte de la performance optimale, en créant un déclencheur à effet immédiat. Ce déclencheur intègre chacune des cinq étapes en un signal clé qui déclenche l'action de votre subconscient, au moment voulu. Vous êtes, désormais, en possession d'un système de « mise à feu » qui vous permettra d'obtenir la performance optimale sur demande.

PARTIE IV - Lâcher les freins

Garder le cap...

PARTIE I   Préparer le voyage

PARTIE II   Construire les fondations

PARTIE III   Programmer la Performance

PARTIE IV   Lâcher les freins

✓ **Réduire les barrières à la performance**
   Changer des Paradigmes
   Des obstacles à la communication
   Maîtriser vos émotions
   Faire le bon choix
   Mesurer les progrès

✓ **Conclusion et voie à suivre**
   Une recette simple
   Le succès APRÈS le travail
   Demandez de l'aide !

ANNEXES

AïM, la Maîtrise de la vie

Réduire les barrières à la performance

> » L'homme est libre dès l'instant où il le souhaite. »
> — **Voltaire,** écrivain, historien et philosophe français

Désormais, vous disposez de la recette permettant de créer la performance optimale. La phase suivante consiste à faciliter cette création en éliminant les barrières existant au sein de vos schémas de pensée. Naturellement, vous souhaiterez vous débarrasser de ces barrières afin de pouvoir agir, dans la plupart des circonstances, à votre niveau d'excellence, le plus près possible de vos capacités optimales.

Voici l'exemple d'une barrière classique susceptible de diminuer l'impact des meilleures techniques que vous avez apprises.

Une personne est chargée de faire une présentation professionnelle à des cadres supérieurs de son entreprise. Cette personne est une spécialiste de ce sujet. Elle est capable de proposer un concept, spontanément, sans préparation préalable. Cependant, en apprenant quels seront les participants à sa présentation, le stress s'abat sur elle et elle en devient presque malade car elle n'est pas habituée à faire des présentations à la gestion supérieure. Sa belle assurance disparaît. Elle se retrouve pratiquement dans l'incapacité de penser clairement. Elle est convaincue que, n'ayant jamais fait de présentation de ce type, sa prestation sera catastrophique. La peur de l'inconnu la paralyse. Elle laisse ses émotions troubler sa maîtrise de son sujet. Elle est envahie par un sentiment débilitant qui met ses capacités en doute.

En réalité, si elle se détend, si elle se remémore certaines autre occasions au cours desquelles elle a fait ce genre de présentation, elle se souviendra qu'elle n'a reçu que des félicitations pour ses prestations. Dans notre exemple, cette personne est capable d'atteindre un haut niveau de performance mais elle permet à ses émotions de créer un obstacle apparemment insurmontable. Son cerveau est guidé par l'impression qu'elle n'est pas capable d'accomplir cette tâche dans le contexte donné. Et cela peut avoir des effets catastrophiques dans l'accomplissement de sa prestation.

Je vous encourage à bien examiner toutes les barrières que nous allons voir dans les pages suivantes. Certaines d'entre elles sont capables de torpiller vos efforts dans l'intégration de la performance optimale au cours de votre routine quotidienne.

Vous vous demandez peut-être pour quelle raison je n'ai pas parlé plus tôt de ces barrières. J'ai pensé qu'il valait mieux que vous ayez une parfaite compréhension du concept de la performance optimale avant d'aborder la question des schémas mentaux indésirables (paradigmes) et leurs états émotionnels correspondant.

L'utilisation de la performance optimale (**la bonne chose, avec le bon dosage, au bon moment**[MC]) sera plus aisée si vous vous assurez que les obstacles seront diminués ou supprimés. Pour tirer l'avantage maximum de cette nouvelle recette, soyez très attentif à tout ce qui pourrait torpiller vos efforts pour atteindre la performance optimale. Je veux parler ici, des barrières naturelles ou inhérentes à votre nouvelle prise de conscience, votre état **d'alerte**.

Concentrons-nous maintenant sur la façon dont nous pouvons nous débarrasser de certaines de ces barrières.

AïM, la Maîtrise de la vie

Rentabiliser vos efforts

Ce chapitre devrait être lu et relu, « digéré », testé, assimilé et appliqué de façon à ce que vos efforts destinés à créer la performance optimale ne soient pas affaiblis par certaines forces invisibles qui sont continuellement à l'oeuvre.

Ces forces invisibles, ce sont nos tendances naturelles à résister à tout changement. Elles peuvent être classées en quatre catégories distinctes, toutes destinées à faire obstacle à la performance optimale : schémas mentaux (paradigmes) perturbateurs, manque de clarté dans la communication, émotions exagérées et prises de décision aléatoires. Pour vous aider et vous guider dans votre étude de ce processus, quelques réflexions concernant la manière de mesurer vos progrès ont été ajoutées en une cinquième catégorie. En effet, si vous ne mesurez pas vos progrès, comment saurez-vous si vous progressez sur la voie menant à la performance optimale ?

Nous allons discuter chacun de ces points et nous efforcer d'associer nos explications à votre réalité.

Mon but consiste à vous mener du connu à l'inconnu, à vous aider à abandonner certaines croyances pour en adopter de nouvelles, à faire disparaître tous ces obstacles, ces barrières, et à élaborer un système de détection et de réajustement de certains schémas de pensée susceptibles d'interférer avec vos efforts en vue de parvenir à la performance optimale.

Je vous souhaite beaucoup de succès dans la réduction de vos barrières personnelles ! Profitez pleinement de l'expérience !

Changer des Paradigmes

Vous vous demandez ce que représentent les paradigmes ? Il s'agit tout simplement de modèles mentaux (schémas, pistes de réflexion, façons de penser) basés sur l'éducation, les expériences, l'influence de gens importants au cours de notre vie ou n'importe quel événement qui nous a marqués sur le plan émotionnel. Ils occupent une place particulière dans notre subconscient et, dans la plupart des cas, fournissent le cadre et les points de référence pour nos actions délibérées ou, en cas de situation de crise, provoquent notre réponse automatique – les réflexes primitifs de la confrontation ou de la fuite.

Dans les situations tendues, nous avons tendance à nous tourner vers nos réactions primitives, à moins que nous ayons acquis une certaine maîtrise grâce à l'application de **AïM**.

Donc, que devons-nous faire ? Que pouvons-nous faire?

Nous trouvons la réponse à cette question en modifiant certains de nos paradigmes (modèles mentaux, pistes de réflexion, façons de penser) afin de nous permettre de faire les bons choix dans nos efforts continus pour atteindre la performance optimale (**la bonne chose, avec le bon dosage, au bon moment**^{MC}).

Nous devons modifier une certaine façon de penser afin que nos réactions automatiques soient améliorées et nous fournissent aide et assistance au cours de notre itinéraire vers la performance optimale. La solution, c'est de modifier un paradigme de façon à ce qu'il ne constitue plus un obstacle à la réalisation de notre performance mais, au contraire, qu'il devienne un atout dans notre poursuite de la performance optimale.

Au fil des années, j'ai réalisé et défini, au niveau des schémas mentaux (paradigmes), ce que je considère comme étant les obstacles les plus importants à l'atteinte de la performance optimale : la rigidité, la nécessité, le jugement, le blâme, la récrimination, l'éparpillement mentale, et préférer au lieu d'aimer. Je suggère que la modification d'une partie ou de l'ensemble de ces sept (7) paradigmes, facilitera votre accession à la performance optimale.

Le concept est simple. Mais il requiert beaucoup d'efforts, de détermination, de patience, de persévérance et de concentration continue, afin de produire les changements destinés à supprimer ces obstacles importants. Comme nous l'avons expliqué dans la description des diverses étapes destinées à vous mener à la performance optimale, vous devez viser à la maîtrise de votre vie (**AïM**), si vous souhaitez réussir.

Prendre avantage du changement

Comme je l'ai souligné, les sept changements de paradigme notés ci-dessus peuvent constituer l'arrière-plan de votre transformation menant à la performance optimale. Chacun de ces obstacles sera brièvement passé en revue afin d'initier votre réflexion dans le but de découvrir comment vous pouvez initier ces changement de paradigmes en marche vers la performance optimale.

Selon chacun et chacune de nous, les défis associés à ces paradigmes seront différents. Nous venons tous d'horizons différents : parents différents, enseignants différents, cultures

---

différentes, expériences différentes, capacités mentales et penchants différents. En un mot comme en 100, nous sommes tous différents. Et là est la beauté de la chose. Chacun peut changer sa façon de penser et arriver plus facilement à la performance optimale.

Changement de paradigme 1 :
Passer de rigide à flexible

Sans ordre préférentiel, le premier changement de paradigme concerne notre résistance innée au changement. Nous avons tendance à être rigides, à considérer tout changement avec un esprit négatif. Nous sommes des créatures d'habitude. Tout ce qui semble modifier nos habitudes profondément ancrées en nous, se heurte à notre nature profonde et nous met mal à l'aise. Comme l'a déclaré Horace Mann, un réformateur en éducation américain du XIXe siècle, « l'habitude est comparable à un cordage. Chaque jour, nous en tissons un brin et, finalement, nous ne parvenons plus à le rompre. »

Dans notre société moderne, le changement est devenu la norme. Rien ne dure bien longtemps. C'est pourquoi, afin d'améliorer notre capacité à affronter les défis de façon efficace et à moindre effort, nous devons faire preuve de flexibilité, de capacité d'adaptation, et suivre le courant en acceptant positivement ce qui est « différent ». En effet, dans le cas contraire, nous allons dépenser une grande quantité d'énergie en tentant de résister aux changements qui sont hors de notre contrôle. La performance optimale consiste à minimiser nos efforts pour produire les meilleurs résultats.

Changement de paradigme 2 :
Passer de la nécessité à la possibilité.

Il est important de se rappeler que seul l'air que nous respirons est indispensable à notre survie. Au fil des années nous avons appris le schéma mental du besoin (de la nécessité) et nous constatons qu'il ne nous est pas très utile. Vous pouvez ne pas être d'accord mais, souvenez-vous, nous parlons ici de la performance optimale et cette dernière ne peut être basée sur une quelconque contrainte imaginaire.

Si nous voulons être capables de libérer notre énergie afin de produire les résultats maximum, nous devons utiliser une approche positive et stimulante qui nous donne le pouvoir de croire à la possibilité. En effet, le fait de dire que nous « avons besoin de... » crée en nous une sorte d'obligation et, simultanément, un sentiment de limitation, de faiblesse, d'incapacité. Il se peut qu'il y ait une situation de contrainte mais, il vaut beaucoup mieux parler de « désir, de possibilité » qui est beaucoup plus motivant car cela est basé sur un choix personnel. Donc, la nécessité (le besoin) peut être remplacé par un choix (un désir visant ce qui est possible), qui nous permet d'utiliser notre pouvoir de libre-choix. En outre, le choix implique des possibilités illimitées qui nous libèrent des contraintes imaginaires.

Changement de paradigme 3 :
Passer du jugeînt à l'évaluation.

Depuis notre plus jeune âge, on nous a appris à prononcer des jugements. Cela correspond tout à fait à notre tendance naturelle consistant à simplifier et à ramener les problèmes à un niveau gérable. En apprenant à juger, nous avons également appris à écarter les options et possibilités intermédiaires. En effet, tout est blanc ou noir, bien ou mal, haut ou bas. Et cette tendance nous est bénéfique car elle nous permet de gérer de façon cohérente la multitude d'informations qui nous parviennent à chaque seconde de notre vie éveillée. Toutefois, cette caractéristique limite également notre capacité à distinguer tous les aspects d'une situation déterminée. Et, en conséquence, nous négligeons parfois certaines informations utiles qui pourraient nous mener à un meilleur résultat.

L'astuce consiste à apprendre à évaluer une situation, un fait ou une déclaration. Le verbe « évaluer » vient du mot latin « ex » (hors de, en dehors de) et « donner une valeur », donc extraire la valeur d'une situation peut conduire à une meilleure prise en compte du moment, ou de la chose, ou action. Ce qui devrait permettre un point de vue plus pertinent, une compréhension plus appropriée et, en définitive, une conclusion plus utile, fruit d'une analyse complète de tous les aspects de cette situation. Dans le cadre de la performance optimale, nous nous efforçons d'accomplir la bonne chose. Porter un jugement peut restreindre notre capacité à évaluer la bonne chose et, de ce fait, nous amener à proférer une opinion moins valable, à prendre une décision moins judicieuse ou encore à prendre une mauvaise direction.

**Changement de paradigme 4 :
Passer du blâme à l'entraide.**

Il faut bien l'admettre, ce changement de paradigme est difficile à accepter. Depuis notre plus tendre enfance, nous avons entendu pleuvoir les blâmes autour de nous. Après tout, il s'agit d'un véritable sport national, n'est-ce pas ? Nous blâmons le gouvernement, les lois, notre système éducatif, notre système de santé, les patrons, les voyous, les riches, les pauvres, etc. Nous avons été sevrés dans le « blâme ». Il est donc très compréhensible que l'action-réflexe qui nous hante soit de pointer le doigt vers les autres en premier lieu.

À noter que lorsque l'on pointe le doigt, l'index, automatiquement les trois autres doigts pointent vers soi. Avez-vous déjà remarqué? Physiquement, le geste est contraignant, et nous met en prison, nous enlevant la liberté d'action. Pensez-y !

Comme pour nos autres habitudes, si nous souhaitons libérer notre plein potentiel et obtenir la performance optimale, nous ne devons pas utiliser l'outil du blâme. Par contre, adopter une attitude d'entraide nous permettra, au minimum, de prendre les commandes. Le blâme nous affaiblit, nous fait prisonnier. Une volonté d'aider nous rend fort car il s'agit d'un choix personnel. En outre, le désir d'aider constitue l'une des tendances naturelles de l'être humain. Ne pensez-vous pas que suivre un instinct naturel est beaucoup plus simple que le fait de porter une accusation ? Ne s'agit-il pas là de l'état d'esprit que vous devez créer pour mener une vie plus heureuse et pleine de réussite?

Changement de paradigme 5 :
Passer de la récrimination à la résolution des problèmes.

Une autre habitude bien ancrée en nous et qui freine tout élan, c'est la récrimination (se plaindre). Ne vous est-il jamais arrivé de marmonner contre quelqu'un qui ne se comporte pas comme vous le souhaiteriez ? Par exemple, combien de fois vous est-il arrivé de déplorer le fait que votre conseil municipal gaspille l'argent de vos impôts ou que le chasse-neige passe après que vous ayez, vous-même, déblayé la neige devant l'entrée de votre maison ? Et même en ce qui concerne les petites choses, par exemple, le tube de dentifrice qui n'a pas été refermé correctement ? Ou le plat qui n'est pas assez chaud ou encore le chien qui mâchouille votre chaussure ?

Il a été démontré que les pensées négatives altèrent notre métabolisme et provoquent la sécrétion d'hormones négatives qui nous affaiblissent. De même, gémir sur son sort et récriminer est une activité cérébrale affaiblissante. En effet, le fait de se plaindre est, généralement, négatif. Cela met en évidence un comportement indésirable, un élément ou une situation qui créent des émotions négatives. Je suis certain que cela ne vous a pas échappé. Si vous prenez le temps de réaliser combien les plaintes sapent votre énergie, vous vous efforcerez, très rapidement, de modifier ce comportement.

Une technique très efficace qui vous aidera à adopter une attitude positive, consiste à choisir une approche de résolution de problèmes.

Je sais, je sais... Vous allez me dire que vous ne pouvez résoudre tous les problèmes qui vous entourent. Je vous l'accorde. Mais rappelez-vous que nos habitudes, en matière de réflexion, sont faciles à créer et qu'elles vous guident dans de nombreuses circonstances. Souvenez-vous des paroles de Gandhi. Lorsque que les choses vont mal, si vous prenez l'habitude d'adopter une approche mentale positive, tournée vers la résolution des problèmes, vous parviendrez à une perspective positive de la vie. Une perspective positive provoque la sécrétion d'hormones bénéfiques qui vous rendent plus fort et vous permettent d'atteindre la performance optimale plus facilement.

Changement de paradigme 6 :
Passer de l'éparpillement à la concentration.

À notre époque, nous devons travailler très fort pour maintenir une bonne forme mentale. Tout va si rapidement que, parfois, nous sommes surpris de constater que le temps s'est enfui. Et même pire, nous nous demandons comment accomplir tout ce que nous avons à faire. « L'habileté a mené plusieurs activités de front » est devenue une expression à la mode.

AïM, la Maîtrise de la vie

Regardez autour de vous lorsque vous parcourez les rues d'une ville, lorsque vous prenez l'autobus, que vous patientez dans un aéroport, une banque ou un supermarché. De très nombreuses personnes sont accrochées à leur téléphone cellulaire, discutant tout en faisant quelque chose d'autre. Divers pays ont adopté une législation destinée à diminuer le nombre d'accidents provoqués par la distraction des automobilistes qui conduisent en téléphonant. Notre société actuelle est régentée par la vitesse. Tout aurait déjà dû être fait hier !

Bien entendu, je ne puis rien à cette situation, elle est ce qu'elle est. Désormais, la vitesse est reine. Révolue est l'époque où l'on se rendait à l'église avec un landau et un cheval. Je sais que cela semble quelque peu suranné mais cela montre bien les profonds changements auxquels nous avons assistés au cours des 50-60 dernières années. La vitesse est devenue une nécessité dans le domaine du transfert des informations. Tout est devenu planétaire. Les barrières temporelles se sont écroulées. Et si nous souhaitons être compétitifs, nous devons accélérer !

Bien entendu, il existe une limite à nos performances lorsque tout s'accélère. Nous n'avons pas encore appris à nous déplacer à la vitesse d'une nanoseconde, comme un ordinateur. La technologie moderne semble permettre l'accomplissement de nombreuses tâches simultanément. Cependant, il s'agit d'une illusion. En effet, un ordinateur, bien que travaillant à la vitesse de l'éclair, ne peut accomplir qu'une seule tâche à la fois.

Pour nous autres humains, le concept des multi-tâches est une impossibilité.

Donc, la réponse se trouve dans la concentration. Si vous voulez obtenir la performance optimale au cours de votre

PO = la bonne chose, avec le bon dosage, au bon moment[MC]

routine quotidienne, vous devez apprendre à vous concentrer. En effet, votre cerveau n'a pas été encore entraîné pour passer d'un sujet à l'autre aussi rapidement qu'un ordinateur. Pour accomplir la bonne chose, avec le bon dosage, au bon moment, vous devez vous concentrer. L'éparpillement mental ne peut pas mener aux meilleurs résultats possible.

Changement de paradigme 7 :
Passer de la préférence à l'amour.

Tant de choses ont été écrites et dites au sujet de l'amour qu'aujourd'hui ce concept est totalement incompris. C'est, du moins, mon opinion. Nous sommes, en permanence, bombardés de publicités, de films, de livres, d'informations sur Internet et dans de nombreux autres médias, qui nous donnent une fausse idée de l'amour.

> *« L'amour, ce n'est pas se regarder l'un l'autre, mais bien regarder ensemble dans la meme direction. »*
> - Denis Waitley

Comme le déclare Denis Waitley[25], « l'amour ce n'est pas se regarder l'un l'autre, mais regarder ensemble dans la même direction. » Réfléchissez à cela. Nous avons été élevés dans l'idée que l'amour est constitué par l'émotion que nous ressentons vis-à-vis d'un autre être humain dont la personnalité s'harmonise parfaitement avec la vôtre. Nous attribuons à l'amour des propriétés qui voilent sa véritable nature susceptible de nous rendre plus forts.

L'amour est une émotion puissante qui permet à une personne d'accomplir certaines choses au-delà de toute attente en impliquant un engagement total.

---

[25] Waitley, Dr Denis. Écrivain américain, formateur, psychologue et auteur de plusieurs livres sur le développement personnel.

AïM, la Maîtrise de la vie

L'amour est constant, éternel, attachant, apaisant, indulgent... Vous êtes libres de rallonger cette liste de qualités. **Mais n'oubliez pas que l'amour n'existe pas sans un but commun.** Le simple fait de se regarder l'un l'autre ne permettra pas à l'amour de perdurer. Il lui faut bien davantage. Le fait de se regarder l'un l'autre s'affadit, s'affaiblit et suscite l'ennui. Il doit y avoir quelque chose d'autre.

Vous devez vous demander, « mais de quoi parle-t-il ? » Je vous suggère de faire une pause et de réfléchir à ce que l'amour représente pour vous. Vous réaliserez rapidement que l'attraction que l'on éprouve pour une autre personne est superficielle, fragile et qu'elle s'affaiblit lorsque les choses tournent mal. C'est ce que l'on appelle **préférer** être avec cette personne. Cette préférence est un choix fondé sur une attirance fragile. Elle peut changer selon les circonstances. Elle n'implique aucun engagement véritable. Dans le cadre des relations personnelles, souvenez-vous du temps où vous étiez très attiré par quelqu'un que vous avez délaissé ensuite lorsqu'une autre personne vous intéressant davantage est apparue dans votre vie; ou encore du moment où la personne pour qui vous **aviez une préférence** a perdu de son intérêt à vos yeux lorsqu'elle à fait quelque chose qui vous a déplu !

L'amour est un engagement. À première vue, vous pouvez penser qu'il s'agit d'un engagement vis-à-vis d'une autre personne, dans le cadre relationnel. Mais, en réalité, ne pensez-vous pas que l'amour est un engagement pris pour atteindre un but que vous vous êtes fixé, que vous êtes totalement décidé à atteindre, un résultat indispensable pour considérer votre vie comme réussie ? Votre partenaire a choisi de vous accompagner dans cette direction et a décidé, comme vous, de se consacrer totalement à l'atteinte de cet objectif. Et, en effet, les sentiments et les émotions naissent de cette situation. Après tout, nous ne sommes pas des machines mais des êtres humains dotés de sentiments.

Simplement, il nous faut bien comprendre ce qu'est véritablement l'amour, si nous voulons profiter pleinement de la puissance qu'il génère. En ce qui concerne la performance optimale, il est très profitable de passer de préférer à aimer, de l'attirance à l'engagement.

La performance optimale, c'est aimer et s'engager sur le chemin de l'excellence, chaque jour de votre vie.

Conclusion
Je suis certain que vous savez déjà comment effectuer ces changements de paradigmes. Tout comme pour n'importe lequel schéma mental que vous avez changé par la méthode de programmation de la performance optimale, vous pourrez transformer n'importe lequel de ces paradigmes en utilisant une affirmation positive, une visualisation créatrice, et une expression de gratitude.

C'est tout bonnement une autre réflexion guidée pour modifier votre façon de pensée dans des situations qui peuvent réduire l'efficacité de votre méthode de performance optimale.

Des obstacles à la communication

J'étudie depuis 1985 les principes de communication et leur impact sur la performance optimale.

À l'époque, je me souviens d'études spécialisées sur ce sujet qui expliquaient que la communication et la connaissance représentaient les éléments indispensables au succès. Les spécialistes de ce domaine expliquaient que, dans la plupart des situations professionnelles, le succès était dû, environ, pour 75 % aux techniques de communication et pour 25 % aux connaissances. Et cela me semblait parfaitement logique. En ma qualité d'ingénieur au service d'une société multinationale depuis 1972, j'avais compris qu'en effet, les connaissances ne constituaient pas l'élément essentiel du succès. Dans mon entourage, des tas de gens réussissaient très bien avec des connaissances réduites. Pourquoi ? Parce qu'ils disposaient d'une capacité naturelle à communiquer ou bien avaient, au fil du temps, parfaitement maîtrisé cette technique.

Après avoir pris conscience de ce fait, je me mis à étudier des ouvrages traitant de ce sujet et compris, très rapidement, que les études spécialisées étaient dans le vrai. En effet, la capacité à communiquer a constitué l'élément essentiel du succès des entrepreneurs. Au fil des années, j'ai élaboré des modules d'entraînement, entraîné des professionnels et

> « *Vous pouvez avoir de brillantes idées mais si vous êtes incapable de les faire passer, vos idées ne vous mèneront nulle part.* »
> — **Lee Iacocca,** Homme d'affaires, auteur, ancien president du groupe Chrysler

continué à observer mon entourage. Le même scénario s'est répété à chaque fois. Ceux qui sont capables de bien communiquer, que cette qualité soit innée ou acquise, réussissent mieux que les autres.

Peut-être vous en demandez-vous la raison ?

En réalité, une information n'est véritablement utile que si elle est correctement transmise. Les recherches actuelles démontrent que le succès dans les affaires est dû, à plus de 90 %, aux habiletés de communication. Si l'on y réfléchit bien, il s'agit d'un élément stupéfiant. Cela peut même être extrêmement perturbant. Mais les statistiques ne mentent pas... et le manque de compétence en matière de communication peut représenter un obstacle très important sur la voie de votre performance optimale.

La communication constitue un vaste sujet qui revêt divers aspects selon les différentes interactions humaines.

Veuillez consulter l'annexe 7 afin de revoir les concepts et techniques de communication susceptibles de vous aider à réduire les obstacles qui se dressent sur votre route vers la performance optimale.

Voici quelques réflexions qui vous permettront d'avoir une meilleure vue d'ensemble. Prenez conscience et demeurez alerte à votre style de communication et vous réduirez sûrement certaines des barrières qui peuvent freiner votre progression sur la voie de l'excellence.

Les communications à soi

Le plus important obstacle freinant notre poursuite de la performance optimale, est constitué par notre **discours**

interne dans notre vie quotidienne. De façon inconsciente, nous freinons continuellement notre progression par les discours que nous entretenons avec nous-mêmes.

Pendant quelques instants, décontractez- vous, ne bougez plus, ne pensez à rien et laissez simplement votre esprit vagabonder.

Très rapidement, votre esprit sera submergé par un tourbillon de pensées diverses, n'est-ce pas? Cela arrive tout bonnement. « Pourquoi? » direz-vous. Et bien voici. Lorsque vous arrêtez de diriger votre activité cérébrale, votre cerveau subconscient continue de travailler et ce, de façon incessante. Cette activité ne s'arrête jamais si vous n'y mettez vous-même un terme. Les pensées traversent votre esprit à toute vitesse. Et, selon votre état d'esprit du moment (triste, heureux, en colère, déprimé, etc....), un monceau de pensées apparaîtra et votre **petite voix intérieure** commencera à agir. Si vous ne l'arrêtez pas, et selon votre état d'esprit du moment, vous glisserez très rapidement dans la spirale du désespoir ou, au contraire, vous monterez au firmament de vos désirs. Il s'agit d'un processus qui se déroule en permanence, que cela vous plaise ou non !

Dans le cadre de la performance optimale, vous devez libérer toutes vos potentialités, être capable de canaliser votre énergie, minimiser les efforts inutiles et optimiser les résultats.

Alors, qu'allez-vous faire pour vous assurer que votre petite voix intérieure va vous aider (du moins, la plupart du temps) ? En matière de performance optimale, il est important de maîtriser votre processus de réflexion en programmant votre cerveau.

Programmez votre cerveau ! Cela ne ressemble-t-il pas à du « lavage de cerveau » ?

AïM, la Maîtrise de la vie

Bien entendu, nous pouvons toujours donner aux mots le sens que nous voulons. Je considère l'expression « lavage de cerveau » comme une simple façon de parler qui ne nous aide en rien mais qui sème en nous le doute et l'impuissance. Je crois plutôt que l'expression, « créer de nouveaux schémas de pensée » est préférable car beaucoup plus puissante et stimulante. C'est le moyen utilisé par les publicités commerciales. Elles vous incitent à acheter. Si vous étudiez ce sujet, vous vous apercevrez que les techniques de marketing s'appuient sur des études psychologiques concernant le fonctionnement du cerveau humain.

Si ce principe fonctionne si bien dans le domaine du marketing, pourquoi ne pas l'utiliser à notre avantage pour imprimer des schémas de pensée positifs dans notre subconscient afin de pouvoir atteindre la performance optimale ?

Communiquer avec vous-même peut représenter un moyen puissant vous permettant d'atteindre la performance optimale. Cette technique exige de la concentration et, comme pour tout le reste, de la pratique. Cette technique est appelée, « programmation mentale par affirmations positives et visualisation créatrice. » Elle est simple à utiliser. Le point essentiel consiste à adopter un processus systématique, structuré et constant destiné à imprimer dans votre cerveau subconscient un nouveau schéma mental qui l'incitera à modifier son interprétation des événements.

Prenons encore une fois pour exemple une situation à laquelle plusieurs personnes ont eu à faire face, soit la décision d'arrêter de fumer.

Si vous avez déjà essayé d'arrêter de fumer, vous avez pu constater que cela n'était pas facile du tout. À moins que vous ne vous concentriez particulièrement sur la modification de votre

---

façon de penser, vous échouerez. Vous aurez beau proclamer à longueur de journée que vous ne voulez pas fumer, cela ne servira à rien, si vous ne vous préparez pas, au préalable, à recevoir ce message. Vous éprouverez également beaucoup de difficultés si vous n'utilisez pas des mots puissants et si vous ne vous visualisez pas comme un non-fumeur.

Votre image de soi doit être changée. La programmation mentale vous aide à y parvenir. Souvenez-vous, il faut entre 20 et 30 jours pour créer un nouveau schéma mental et rappelez vous qu'il faut pratiquer, pratiquer, pratiquer.

Appliquez cette technique de programmation à votre discours interne afin de changer les mots que vous utilisez. Vous devez vous assurer que votre petite voix intérieure renforcera votre résolution et vous fera adopter une attitude positive dans vos comportements.

Comme votre discours interne reflète ce que vous pensez, méfiez-vous de ne pas agir de façon destructrice, sur votre chemin vers la performance optimale.

> « Les pires mensonges sont ceux que nous nous disons à nous-mêmes. Nous refusons de voir ce que nous faisons et même ce que nous pensons. Nous agissons ainsi parce que nous avons peur … »
> - **Richard Bach**, auteur et ecrivain

Il serait terriblement décevant d'accomplir une bonne partie des tâches dont nous avons discuté jusqu'ici pour, finalement, en gâcher le résultat par vos réflexions négatives ou votre discours interne destructeur !

Assurez-vous d'être en harmonie avec les mots que vous utilisez lorsque que vous vous parlez à vous-même.

Le fait d'être alerte devant tous ces éléments devrait créer une approche en conformité avec les buts que vous vous êtes fixés et vous permettre de progresser rapidement au niveau de la performance optimale.

Communications avec les autres

Notre performance est soutenue par l'énergie et la capacité que nous avons à prendre l'action requise pour s'améliorer, c'est-à-dire démarrer le processus et l'appuyer par notre discours interne. Mais une fois le processus en mouvement, l'atteinte de la performance optimale dépend de notre habileté à influencer notre environnement.

Nous ne vivons pas comme des ermites sur une île. Nous sommes entourés de personnes, à la maison, sur notre lieu de travail, dans notre environnement social, dans le cadre de nos loisirs et, en fait, pratiquement partout où nous vaquons à notre routine quotidienne. Si notre discours interne représente le fondement de notre performance optimale et nous garantit le succès, la suite du processus, c'est-à-dire notre communication avec les autres, est tout aussi importante, sinon davantage.

Nous ne pouvons accomplir grand-chose sans l'aide ou la coopération des autres. Si nous voulons lever les obstacles qui nous empêchent d'atteindre les performances recherchées en utilisant notre communication avec les autres, je suggère qu'une attention particulière soit portée sur l'intention de notre communication.

Permettez-moi de vous donner un exemple frappant de la façon dont notre communication avec les autres peut torpiller nos efforts.

Il y a plusieurs années de cela, alors que je travaillais avec Larry Ring, entraîneur-chef de l'équipe de football des Gee-Gees de l'université d'Ottawa, je lui rappelais fréquemment

---

l'importance que revêtaient les propos qu'il adressait à ses joueurs. « Parle-leur de ce que tu veux mais ne leur parles pas de ce que tu ne veux pas ! » Un certain samedi, nous jouions un match contre l'équipe de l'université McGill de Montréal et nous n'accusions qu'un retard de quatre points, alors qu'il ne restait qu'environ une minute de jeu. Nous étions parvenus à leur ligne de 3 m. La tension était palpable. L'excitation était à son comble. Nous devions absolument compter un touché de six points pour remporter la victoire.

Les signaux furent envoyés du banc au caucus de l'attaque, mais le quart-arrière ne pouvant les comprendre dû malheureusement procéder à appeler le prochain jeu. Totalement stressé, il appela le seul jeu dont il pouvait se rappeler. C'était le jeu que son entraîneur lui avait répété si souvent de ne pas faire, c'est-à-dire d'essayer de courir hors l'aile alors qu'il se trouvait dans la zone adverse à moins de cinq mètres des buts. En effet, ce quart-arrière n'était pas très rapide. Or, ce que Larry craignait tellement, se produisit à cet instant même : son joueur fut plaqué. En répétant si fréquemment à son joueur de ne pas courir dans la zone des 5 m adverse, Larry l'avait programmé pour agir exactement à l'opposé, au cours d'une situation stressante. Heureusement, cette histoire se termina de façon positive car notre équipe eut une autre occasion de marquer les points de la victoire.

Cette histoire nous rappelle que la performance optimale implique également d'être très attentifs à la façon dont nous nous adressons aux autres. Soyez toujours attentif au message que vous voulez transmettre en vous exprimant. En effet, vous pourriez très facilement aller à l'encontre du but recherché, sans vous en rendre compte.

Nous devrions toujours nous souvenir et être parfaitement conscients de quelques principes de communication qui sont constamment à l'oeuvre. Une fois attentif au fait que vous êtes toujours en train de communiquer avec les autres, vous accroîtrez votre état d'alerte et votre prise de conscience des différents mécanismes en action. Vous réaliserez qu'écouter est beaucoup plus important que parler ; que les meilleurs résultats sont obtenus lorsque que l'on s'efforce, à 100 %, de comprendre son interlocuteur ; que vous devez faire tout votre possible pour vous assurer que votre perception est au même niveau que l'intention de celui qui vous parle... C'est alors que vous accomplirez la performance optimale en matière de communication.

Cependant, soyez bien conscient qu'il s'agit d'une tâche difficile, et qu'il faut un effort de tous les instants pour y parvenir.

Au cours de votre existence vous avez appris à communiquer mais il est possible que les techniques utilisées n'aient pas été très efficaces. Après tout, il est rare de rencontrer l'étude des techniques de communication dans les différents cycles éducatifs. En effet, la communication est considérée comme une spécialité dont le diplôme s'obtient dans les facultés et les universités. En fait, si vous avez étudié d'autres spécialités, il est peu probable que l'on ait beaucoup insisté sur les techniques de communication et, encore moins, sur les points clés de la communication efficace.

Afin de parvenir à la performance optimale, vous devrez être tout à fait conscient de l'impact de la communication sur vos résultats. Si vous réfléchissez quelque peu à ce sujet, vous comprendrez rapidement que votre communication à vous-même et celle que vous entretenez avec les autres exercent une profonde influence sur votre comportement. Le simple fait d'en prendre conscience et de demeurer en alerte sur ce sujet vous permettra, en toute certitude, d'élever vos performances à un niveau que vous n'auriez jamais cru possible.

Maîtriser vos émotions

Ce sujet est tellement vaste qu'une bibliothèque entière serait nécessaire pour traiter de tous ses aspects.

Ce qui suit n'est pas destiné à une étude exhaustive de ce sujet mais représente plutôt une tentative destinée à simplifier son approche pour vous permettre d'atteindre la performance optimale.

De nombreux spécialistes ont étudié ce sujet, en ont défini le cadre, ont proposé des explications et suggéré diverses méthodes destinées à encadrer notre nature émotionnelle.

J'ai lu les traités de Daniel Goleman[26] sur le QE (quotient émotionnel) ; j'ai étudié l'oeuvre d'Albert Ellis[27] relative à la Thérapie rationnelle émotive; j'ai cherché à comprendre la microbiologie des sentiments, selon Deepak Chopra[28]; j'ai lu les travaux de Bandler et Grinder[29] sur la programmation neuro-linguistique (PNL) ; j'ai lu avec grand intérêt de nombreuses autres études sur les techniques relatives à la modification des émotions ; et, récemment, j'ai pris connaissance des travaux de Lee Pulos[30] sur la biologie de l'empowerment appelé communément la responsabilisation.

---

[26] Goleman, Daniel. *Emotional Intelligence.* Bantam Books, Édition du 10e Anniversaire. New York 2006
[27] Ellis, Albert, Ph.D. et Lange, Arthur, Ph.D. *How to Keep People from Pushing Your Buttons.* Citadel. 2003
[28] Chopra, Deepak. *Ageless Body, Timeless Mind: The Quantum Alternative to Growing Old.* Three Rivers Press. 1994
[29] Bandler, Richard W. et Grinder, John T. *Frogs into Princes: Neuro Linguistic Programming.* Real People Press. 1989
[30] Pulos, Dr. Lee. *The Biology of Empowerment.* Programme audio de Nightingale-Conant, 2009

AïM, la Maîtrise de la vie

Ce que j'ai appris est basé sur la connaissance des fonctions cérébrales et les résultats réels que j'ai obtenus en appliquant des techniques que j'ai rapportées dans ce livre. Certaines de ces techniques visent la maîtrise émotionnelle et sont basées sur l'oeuvre d'Albert Ellis (Thérapie rationnelle-émotive) et appuyées par le concept de la PNL et la théorie de la programmation mentale.

Un court énoncé d'une recette pour maîtriser vos émotions ainsi qu'une description graphique se trouve à l'annexe 8, intitulé « l'A-B-C de la maîtrise émotionnelle ». Cette méthode, basée sur la Thérapie rationnelle-émotive, vous servira à modifier vos réactions émotionnelles.

De nos jours, nous avons tendance à rechercher des réponses compliquées. Après tout, nous avons découvert un monceau d'informations sur pratiquement tous les sujets. En ce qui concerne le corps humain, les avancées technologiques dans ce domaine nous permettent d'étudier tout ce qui se passe à l'intérieur de cette merveilleuse machine. Tout déséquilibre chimique au sein de notre corps provoque ce que l'on peut appeler un « **mal-aise** ».

> *Dans le contexte de cet ouvrage, le mot « mal-aise » est utilisé pour caractériser le manque d'aise, de confort, que vous pouvez ressentir sur les plans physique, émotionnel ou mental.*

En effet, le principe de cause à effet est toujours prédominant. Lorsqu'il s'agit des émotions, nous devrions comprendre qu'elles sont le résultat de sécrétions hormonales dans notre sang. Il est très important de comprendre que les sécrétions hormonales provoquant les émotions résultent d'une action tangible, un acte réfléchi qui se déroule dans notre cerveau.

Pour nous aider à mieux comprendre, considérons la respiration, la circulation sanguine, la digestion, la guérison de blessures, la pousse des cheveux, les réflexes, la douleur, le froid et le chaud, comme autant de réponses automatiques à un système central de contrôle communément appelé, cerveau autonome.

Il s'agit d'une machine merveilleuse, toujours en action, qui permet le bon fonctionnement de nos fonctions métaboliques, veillant à l'équilibre chimique qui garantit le maintien de conditions stables, en écartant les « **mal-aises** » provoqués par les déséquilibres et en combattant les agresseurs de notre système immunitaire. Et l'ensemble de ces activités se déroule sans l'intervention d'une seule pensée consciente de notre part.

N'est-ce pas merveilleux ? Avez-vous jamais réfléchi à tout ce qui se déroule en vous sans que vous en ayez connaissance ou sans savoir comment votre corps en prend soin ?

Nous ne commençons à réaliser tout cela que lorsque que nous lisons quelque chose au sujet des maladies psychosomatiques.

Par exemple, les ulcères de l'estomac sont une maladie très répandue. Ils ne se produisent pas par hasard. Ils sont le résultat de nos angoisses, de nos soucis et de nos craintes. La paroi de notre estomac constitue l'une des parties les plus dynamiques de notre organisme. Elle se renouvelle toutes les 30 heures. La haute teneur en acide nécessaire à la digestion de notre nourriture attaquerait les meilleurs matériaux que nous pourrions trouver. Notre estomac doit donc être protégé et cela est possible grâce au processus de régénération des cellules qui protègent la paroi de notre estomac.

Une intervention de notre part dans ce processus affaiblira notre paroi stomacale et, dans les cas extrêmes, cette dernière perdra sa capacité à supporter une haute teneur en acide. La nourriture et les boissons que nous ingérons constituent l'une des interférences que nous pouvons provoquer dans le cadre de ce processus. Par exemple, l'absorption d'une trop grande quantité d'alcool peut provoquer un ulcère. Mais le mécanisme de reconstruction est contrôlé par le cerveau. Si nous entravons le fonctionnement normal de ce système de commandement par nos pensées, nous pouvons provoquer une faiblesse dans le processus de restructuration, ce qui provoquera un ulcère. Nous provoquons alors un « **mal-aise** » dans notre organisme.

L'impact produit par nos pensées sur nos fonctions cérébrales peut être compris lorsque que l'on considère nos réactions dans certaines circonstances.

Imaginons que vous soyez en train de conduire votre voiture et que, soudain, quelqu'un vous coupe la route, vous obligeant presque à vous retrouver dans le fossé. L'accident est évité de justesse ! Cette situation sécrète en vous un flot d'adrénaline qui suscite certaines émotions.

Vous avez peut-être, tout d'abord, éprouvé une grande frayeur puis, de la colère. Enfin vous vous calmez car, après tout, cela n'en vaut pas la peine. Toutes les émotions que vous avez ressenties ont été provoquées par une sécrétion d'hormones décidée par votre cerveau. Vous avez aperçu le véhicule en question, vous avez visualisé les conséquences potentielles, vous avez eu peur. Ensuite, ces émotions se sont transformées en colère car vous avez estimé que l'autre conducteur était stupide. Puis, finalement, le flot d'hormones a diminué en vous lorsque vous avez réalisé qu'il valait mieux ignorer ce mauvais conducteur.

Tout ceci s'est produit plus ou moins automatiquement, sous la conduite de vos schémas mentaux qui évaluent et interprètent les événements. Cette interprétation fut traduite par une pensée qui provoqua la sécrétion d'hormones et la séquence de sensations (appelée communément émotions) qui s'en suivirent dans votre corps – sueur, serrement de la gorge, boule dans l'estomac, contractions des mains sur le volant. La pensée générée dans votre cerveau a provoqué la sécrétion des hormones indésirables qui ont activé votre système nerveux.

Vous vous demandez probablement ce que tout cela a à voir avec la performance optimale. Je sais que vos croyances font qu'il vous est peut-être difficile d'accepter cette explication mais je voudrais vous encourager à bien réfléchir à vos propres expériences. Soyez honnête avec vous-même.

Contrairement à la pensée conventionnelle qui propose que les émotions précèdent la pensée, les émotions, en fait, suivent l'action, l'action de votre cerveau capturant les stimuli (le fait qu'une autre voiture vous coupe la route), analysant et évaluant selon vos croyances les plus profondes (une conduite automobile désinvolte peut être mortelle), attribuant une valeur à l'action qui s'est déroulée (c'est mal), et incitant votre cerveau à déclencher le système de réaction - sécrétion des hormones qui initient les sensations - provoquant les émotions éprouvées au cours de l'incident.

Et tout cela s'est passé comme par magie. Enfin, c'est ce qui se passe dans toutes les situations où on en fait l'expérience humaine.

Que vous le vouliez ou non, nous sommes des êtres émotifs, et nous attribuons un sens à tous les événements ou aux stimuli qui nous frappent. De ce fait, nous pouvons provoquer l'apparition de « **mal-aises** » dans notre corps, tels que des ulcères de façon régulière. Donc, gare à vos schémas de pensée !

C'est ici qu'intervient la performance optimale. Si nous avons le pouvoir de créer une telle réaction au sein de notre organisme sans nous en rendre compte, peut-être devrions-nous réfléchir à l'action opposée, c'est-à-dire à la façon volontaire avec laquelle nous pouvons affecter nos sensations et choisir les émotions que nous voudrions générer afin de parvenir à la performance optimale.

L'exemple de l'ulcère de l'estomac peut être utilisé pour défendre la thèse selon laquelle nous pouvons **maîtriser** nos émotions. Regardez autour de vous et notez le comportement des gens : certaines sont calmes, d'autres sont nerveuses, certaines réagissent de façon marquée tandis que d'autres demeurent imperturbables. Tout cela est en rapport avec la maîtrise émotionnelle, la capacité à maîtriser le processus de notre pensée pour accomplir ce que nous souhaitons dans des circonstances déterminées.

Cela n'est pas facile. Il faut du travail et des efforts soutenus pour apprendre la maîtrise. Mais le jeu en vaut la chandelle.

Comme pour tout le reste des transformations à venir, la première étape consiste à alerter votre attention, et prendre conscience de ce qui se déroule en vous, de la façon dont vous percevez et interprétez les stimuli (les événements déclencheurs).

Dès que vous réaliserez que vous pouvez transformer votre façon de voir les choses, que vous pouvez obtenir des résultats différents, alors, vous pourrez choisir d'agir différemment.

Vous avez les habitudes de réflexion de toute une vie à désapprendre et à réapprendre. N'oubliez pas d'utiliser le pouvoir des mots pour votre plus grand bénéfice. Modifiez votre tendance habituelle à dire « je suis impatient ». Apprenez plutôt à dire « je suis patient » et vous le deviendrez.

Je répète souvent à mes clients qui, parfois, sont impatients devant la lenteur de leurs résultats : « Le truc consiste à modifier l'expression que vous utilisez. Au lieu de continuer à dire je suis **impatient**, dites je suis **patient**. » En enlevant tout simplement la syllabe « **im** », vous transformez le message interne, vous changez le ton de la petite voix intérieure et vous implanter une base de force dans votre subconscient. Essentiellement, vous éliminez une barrière à votre atteinte de la performance optimale.

Et dire que c'est si simple ! Non, ce n'est pas si simple. Il faut y travailler très fort, mais **la recette est simple**.

Ne vous faites pas d'illusions, vous avez à changer les comportements ou les habitudes que vous avez accumulés pendant des années. Mais il est réconfortant de savoir que les recherches dans ce domaine ont montré, sans l'ombre d'un doute, que nous pouvons développer de nouveaux schémas de pensée (c'est-à-dire reprogrammer notre cerveau) et ce, en dedans de 20 à 30 jours. Patience et persévérance seront vos meilleurs alliés pour y parvenir. Un effort assidu vous offrira les récompenses que vous recherchez.

Donc, prenez votre courage à deux mains, prenez la ferme décision de modifier vos réactions émotionnelles et récoltez les bénéfices ! La **maîtrise de vos émotions** vous rapportera énormément ! Vous apprendrez à être plus souple dans vos jugements de valeurs. Vous apprécierez votre capacité à canaliser plus facilement vos émotions lorsque vous serez confronté à des situations imprévues. C'est alors que vous obtiendrez plus facilement la performance optimale.

> *La colère nous ferme les yeux et nous ouvre la bouche.*
> - Proverbe chinois

Un proverbe chinois déclare, « la colère nous ferme les yeux et nous ouvre la bouche. » La colère est le symbole d'une émotion quelconque qui tend à embrouiller notre vision et affaiblir notre capacité à réfléchir correctement. Ouvrir la bouche réfère à une activité physique quelconque qui manque de réflexion à cause d'une émotion mal dirigée.

Si nous acceptons pour point de départ que la performance optimale est le résultat de **la bonne chose, avec le bon dosage, au bon moment**[MC], il est évident que vous viserez à éviter les excès d'émotions afin de ne pas être totalement aveuglés par elles. Vous voudrez réduire les barrières qui vous empêchent d'atteindre la performance optimale, en gagnant la maîtrise de vos émotions.

Réfléchissez à la puissance dont vous serez investi lorsque vous serez capable de choisir votre réaction face à une situation déterminée. Choisissez d'être « raisonnablement perturbé » plutôt que « très perturbé », lorsque vos émotions vous submergent.

Avec le temps, vous diminuerez votre stress et augmenterez votre joie de vivre.

Faire le bon choix

Un autre obstacle à la réalisation de la performance optimale se dresse devant nous presque quotidiennement. C'est notre apparente incapacité à prendre la bonne décision, à faire **le bon choix** conformément à nos objectifs.

J'aborde ce sujet parce qu'il s'agit d'une difficulté extrêmement courante que la plupart de mes clients doivent affronter.

Lorsque que vous décidez de puiser à la source de la performance optimale, vous allez devoir affronter une vie entière de tergiversations et d'occasions manquées. Un des obstacles qui, fort probablement, vous a empêché d'obtenir les meilleurs résultats possible fut un manque d'utilisation d'une méthode adéquate pour faire **le bon choix** en temps opportuns.

Permettez-moi d'expliquer ce qu'est le « **bon choix**. »

Certains prétendent qu'il est impossible de faire le « **bon choix** ». Comment pouvez-vous connaître l'avenir ? Comment tenez-vous compte de l'imprévu ? Comment réglerez-vous les problèmes pour lesquels vous ne disposez pas des outils requis ? Et ces objections se poursuivent jusqu'au point où vous abandonnez une prise de décision bien fondée.

En ce qui me concerne, le bon choix obéit aux mêmes principes déterminant les aspects les plus importants de votre existence. Il dépend de ce que vous voulez en faire (nous pourrions dire qu'il dépend de votre vision de l'existence, du but que vous souhaitez atteindre dans la vie.)

Vous éprouverez des difficultés à prendre de bonnes décisions si vous n'avez pas de vision du futur. Il est pratiquement impossible de faire le « bon choix » sans une vue claire de l'avenir.

L'inconnu est un monstre que nous n'apprivoisons que très rarement, en l'absence d'une vision claire de l'avenir. Alors, que doit-on faire pour faire le « bon choix » ? Une fois encore, simplifions les choses et revenons aux fondamentaux. La prise de décision pour faire un bon choix est un processus qui peut être très efficace et efficient si nous prenons grand soin d'éviter le gaspillage des ressources.

Mais, un point doit être très clair : la prise de décision sera affectée si un but, un objectif, ne sont pas parfaitement définis. Atteindre le centre de la cible requiert une technique précise. Il en est de même avec la prise de décision qui sera grandement facilitée grâce à l'utilisation d'un processus bien établi.

Un tel processus fut élaboré par Kepner et Tregoe[31], dans le milieu des années 60. Il est basé sur la détermination de facteurs qui vous assureront d'atteindre votre cible (décision).

Un modèle est inclus à l'annexe 9 (modèle d'analyse décisionnelle). Ce modèle illustre la façon dont vous pouvez simplifier le processus de la prise de décision afin d'accroître vos chances d'atteindre le coeur de la cible, faire le bon choix, grâce à la décision adéquate.

L'objectif recherché par une décision devrait être en harmonie avec votre vision personnelle de votre avenir. Si vous avez

---

[31] Kepner, Charles et Dr Tregoe, Benjamin. Fondateurs, The Kepner-Tregoe Rational Process.

une vision claire de votre avenir (c'est-à-dire ce que vous voulez faire de votre vie), il sera plus facile d'identifier les détails associés à cette décision (critères ou facteurs).

Une fois les critères de décisions identifiés, le premier niveau du processus établit clairement si l'option peut être considérée: OBLIGATOIRE (FAIRE ou ne PAS FAIRE). Les trois autres niveaux doivent être classés selon un niveau d'importance descendant ; DÉSIRS MAJEURS; DÉSIRS MOYENS; DÉSIRS MINEURS. Les critères situés dans ces trois derniers sont ensuite classifiés selon leur potentiel d'application.

La détermination du niveau d'importance requiert un certain effort.

En effet, nous sommes habitués à considérer toute chose comme importante. Mais est-ce vraiment le cas ? Ne pensez-vous pas que les critères de décision sont dors et déjà et de façon inévitable, porteurs d'importances inégales ?

Prenons l'exemple de l'achat d'un véhicule.

La plupart des gens ont connu cette expérience qui a nécessité de leur part une certaine réflexion. Quels critères vont déterminer votre choix ? Je suis sûr que vous réalisez parfaitement que ces critères ne seront pas les mêmes que ceux de votre voisin. Vous critères seront déterminés en fonction de vos besoins.

Donc, pour rendre plus simple et plus clair votre décision, vous pourriez peut-être vous demander, « pour quelles raisons ai-je besoin de ce véhicule ? » Ou, « ai-je besoin de cette option ? » Ou encore, « quel est mon budget pour cet achat ? »

Vous pouvez même aller jusqu'à vous demander, « qu'est-ce que mon voisin va en penser ? ». Dans ce cas, je vous recommande de placer cette question très bas dans l'échelle d'importance.

De même, vous choisirez les critères fondamentaux de départ. Cette procédure recommande de ne choisir qu'un maximum de deux ou trois critères OBLIGATOIRES. En effet les critères définissant catégoriquement si une option doit être choisie ou non doivent être peu nombreux.

Par exemple, dans l'hypothèse de l'acquisition d'une maison, un critère fondamental sera celui du montant du versement initial. Dans le cas d'un jeune couple avec enfants, la proximité des écoles sera également un critère fondamental à considérer. Un troisième critère fondamental sera la superficie recherchée. En effet, deux chambres à coucher ne suffiront pas pour une famille de cinq personnes, à moins d'utiliser des lits superposés. Soyez extrêmement exigeants en ce qui concerne vos critères OBLIGATOIRES. Les autres critères pourront se voir assigner une valeur élevée, moyenne ou basse, selon ce qui vous importe véritablement dans l'option à choisir.

Je pense qu'il est possible de faire le « bon choix », à partir du moment où vous avez une vision claire du résultat recherché et que vous êtes rigoureux dans l'attribution d'une valeur aux critères choisis pour votre analyse décisionnelle.

Tout réside dans la suppression des émotions au cours de ce processus afin de vous permettre de prendre une décision basée sur des faits et non sur des impressions ou des émotions. Bien entendu, et comme toujours, vous êtes libre de vos choix. Mais si vous voulez optimiser vos résultats et intégrer la performance optimale dans votre vie quotidienne, apprendre à faire le « **bon choix** » représente un outil supplémentaire à ajouter à votre arsenal.

Considérons l'exemple suivant. Il y a un certain nombre d'années, je décidai d'acheter une nouvelle maison. Je voulais que celle-ci réponde à un certain nombre d'exigences. J'avais alors ma propre affaire et souhaitais un espace disponible pour ma fille. Cependant, un certain nombre d'autres facteurs devait être considérés.

Entre autres, cette maison devait se trouver en banlieue, disposer d'un vaste garage, d'un terrain arboré, à proximité des différents commerces, desservie par autobus (ma fille allait à l'école au centre-ville), à proximité des principales voies d'accès, à proximité d'un parc, disposant d'un sous-sol habitable, construite moins de 10 ans auparavant, avec entrée face au Sud. Il fallait enfin que le paiement initial et l'hypothèque entrent dans mes possibilités financières.

Bien entendu, seuls deux ou trois de ces critères entraient dans la catégorie OBLIGATOIRE car, autrement, je n'aurais jamais pu trouver ce que je recherchais. Je dus classer ces critères par ordre d'importance - budget, site de l'emplacement et superficie, entrèrent dans la catégorie OBLIGATOIRE. Les autres critères s'intégraient dans les trois autres catégories en importance descendante. En utilisant le modèle dont je vous ai parlé, je pus faire mon choix parmi les sélections proposées par l'agent immobilier.

Cet exercice s'avéra plutôt facile car j'avais pré-établi le poids de chaque critère. Trois choix furent sélectionnés rapidement parmi tant d'autres. La méthode fut appliquée et les totaux pour les trois maisons furent comparés. Je choisis bien sûr celle qui amassa le plus grand nombre de points.

J'habite encore cette maison et me félicite presque chaque jour d'avoir utilisé ce processus de prise de décision qui me permit de réaliser une excellente affaire.

Voyez-vous, lorsque vous utilisez une méthode structurée et rodée pour prendre des décisions, faire le « **bon choix** » devient presqu'un jeu d'enfant. La clé, bien entendu, c'est d'avoir une vision du futur, une image de ce que vous voulez. Le reste est plutôt simple et vous ferez le « **bon choix** » plus souvent qu'autrement. Vous serez capable de créer la performance optimale à ce chapitre.

Mesurer les progrès

Il y a quelques années, j'ai lu un livre intitulé *Getting Results (obtenir des résultats)* par le docteur Michael Leboeuf. Il avait publié le résultat de ses travaux sur ce qui pousse les gens à répéter leur comportement. Le concept est simple : ce qui est récompensé est répété.

Un autre élément important me fut indiqué par Nelson Riis, un ami qui avait lu le manuscrit de mon livre et qui visa dans le mille en me rappelant l'importance cruciale de la mesure des progrès.

Puisque le processus de la transformation personnelle se fait par étape, il nous a semblé judicieux de fournir aux lecteurs et lectrices une idée ou approche systématique permettant d'enregistrer et de vérifier qu'ils avancent vers leur but, la performance optimale. De ce fait, un adepte pourra compiler ses résultats et choisir des moments de récompense le long du trajet.

Il se pourrait que, de tout ce que vous avez lu dans ce livre, les quelques réflexions qui vont suivre soient les plus importantes pour vous permettre de parvenir à la performance optimale. En effet, nous définissons fréquemment des objectifs, déterminons la façon de les atteindre et entreprenons les efforts requis pour y parvenir. Le problème c'est que nous ne nous arrêtons pas assez fréquemment au cours de ce processus pour vérifier notre progression.

Deux choses se produisent alors. La première, c'est l'insatisfaction que nous ressentons au cours de l'étape que nous venons de franchir. En effet, nous avons oublié de célébrer notre succès, nous avons oublié de nous récompenser. Nous nous concentrons tellement sur le résultat final que nous en oublions de réaliser les progrès que nous avons accomplis. La seconde chose, c'est que nous manquons fréquemment l'occasion de tirer les leçons de l'étape que nous venons de franchir, c'est-à-dire l'occasion de nous améliorer.

Tout au long du processus d'intégration de la performance optimale, je vous encourage à prendre conscience du bénéfice que vous pourrez tirer en enregistrant vos progrès au cours de votre pratique des différentes étapes de votre programmation. Si vous vous concentrez sur votre tâche et prenez conscience de ce qui se produit en vous, vous augmenterez votre maîtrise, quelle que soit la tâche entreprise. Enregistrer les étapes de votre progression représentera la clé nécessaire vous permettant de reconnaître les informations utiles qui nourrissent votre motivation.

Au cours de la vingtaine d'années durant lesquelles j'ai entraîné des gens dans le domaine de la performance optimale, j'ai observé que ceux qui prennent le temps de réfléchir à leur progression réussissent beaucoup mieux que les autres.

> *La rétroaction est le petit déjeuner des champions.*

Tout d'abord, le vieil adage selon lequel « la rétroaction constitue le petit déjeuner des champions » se trouve brillamment confirmé. Comment peut-on s'améliorer ou atteindre des niveaux supérieurs sans revoir la performance et noter des résultats qui concrétisent les progrès accomplis ? Ensuite, vous constatez que plus vous réfléchissez à ce qui se passe en vous lors de votre programmation vers la performance optimale, plus vous êtes conscient et en contact avec le schéma de pensée particulier qui vous dirige vers le succès.

Il faut que cette comptabilité des résultats soit aussi simple que possible. Je vous suggère d'enregistrer vos exercices dans un carnet. Après chaque session, prenez le temps de réfléchir et de noter les résultats de votre entraînement. Assurez-vous de bien enregistrer la date, le détail des exercices mentaux que vous avez pratiqués et les bénéfices que vous en avez retirés. Il vous faudra un petit peu de temps pour instaurer cette routine.

> *Ce qui est récompensé est répété.*

Avec le temps, cela deviendra une étape de votre itinéraire que vous apprécierez beaucoup parce que vous constaterez rapidement que, « ce qui est récompensé est répété. » Bien penser à enregistrer les différentes étapes de votre voyage vous procurera la satisfaction et la certitude que vous avez pris la bonne direction. Cela vous alertera en temps opportun à découvrir et reconnaître les moments où vous appliquez la performance optimale.

J'ai parlé du temps de la réflexion. Le point essentiel consiste à consacrer quelques instants, après chaque séance d'entraînement mental, et de vérifier comment vous ressentez la nouvelle capacité dont vous êtes en train de vous doter. S'il s'agit de performance physique, revoyez les résultats de votre dernière sortie.

Par exemple, dans le domaine sportif, le golf est un excellent exemple. Êtes-vous plus détendu ? Êtes-vous toujours nerveux lorsque vous apercevez la nappe d'eau en face de vous ? Que vous dit votre petite voix intérieure ? Avez-vous le sentiment que vous pouvez le faire ou que vous allez encore une fois échouer ?

Dans le domaine professionnel, vérifiez si vous êtes toujours stressé en présence d'une certaine personne.

Vous sentez-vous écrasé de travail ? Éprouvez-vous le désir de vous enfuir ou êtes-vous convaincu de pouvoir relever le défi qui vous attend ? Tous ces éléments constituent des indicateurs de la transformation qui est en train de s'accomplir dans votre cerveau subconscient. Les schémas mentaux du passé sont remplacés par de nouveaux qui résultent des processus de relaxation, des affirmations positives, de la visualisation créatrice et de l'expression de gratitude.

Prenez soin de noter ces réflexions; elles vous aideront à ancrer votre conviction au sujet de la validité du processus de programmation de la performance optimale en son entier.

Le fait demeure que plus vous réfléchirez et enregistrerez vos réflexions, plus vous serez en mesure d'être connecté à votre subconscient. Vous serez donc capable d'amener ce dernier à vous servir dans les meilleurs ou les pires conditions. La mesure de vos progrès vous permettra d'obtenir les résultats recherchés. L'absence de mesure ralentira votre progression et, peut-être même, la stoppera. Vous prouverez ainsi l'adage : « Ce qui est récompensé est répété. »

L'enregistrement de votre progression renforcera votre motivation pour avancer et franchir n'importe quel obstacle susceptible de se présenter sur votre route en direction de la **performance optimale**. Cela n'est pas compliqué. En effet, réfléchissez à votre vie quotidienne. Lorsque vous êtes heureux après avoir accompli quelque chose, vous vous sentez, en général, rempli d'une nouvelle énergie. Vous vous sentez plein de force et prêt à relever un défi plus important. C'est ainsi que notre cerveau fonctionne.

Donc, afin d'éliminer d'autres obstacles qui se dresseront sur votre route en direction de la **performance optimale**, assurez-vous de bien enregistrer et **mesurer vos progrès**.

Soyez conscients des changements qui se produisent, aussi faibles soient-ils. Ils représentent les petites victoires remportées sur vos anciens schémas mentaux, ceux qui n'ont pas produit les résultats escomptés. Félicitez vous de vos réussites. Remerciez votre cerveau subconscient de sa capacité à changer, à se transformer, à avancer progressivement vers la voie de l'**efficacité à moindre effort**. Plus vous serez conscients de vos progrès, plus vous utiliserez la puissance qui est en vous pour réaliser ce que vous souhaitez.

Souvenez-vous de vos réseaux neurobiologiques. Une fois votre cerveau conditionné pour la performance optimale, dans un domaine déterminé de votre vie quotidienne, il étendra cette capacité à d'autres domaines de votre existence.

Certains diront, « c'est de la magie ! ». Pourtant, il n'en est pas question. C'est tout simplement une utilisation concentrée de notre capacité mentale. En fait, chacun, chacune de nous disposons de cette capacité à décider et à modifier notre façon de penser afin de rendre nos actions plus faciles à accomplir avec un minimum d'efforts. En fin de ligne, nos performances sont accrues et notre stress réduit, ce qui constitue le but ultime de la performance optimale pour tout être humain.

AïM, la Maîtrise de la vie

<u>Points essentiels à retenir</u>

Il existe, dans votre vie, des facteurs susceptibles de freiner votre progression vers la création de la performance optimale. Si vous voulez minimiser vos efforts et créer un processus vous permettant de parvenir à l'efficacité à moindre effort, vous aurez intérêt à vous familiariser avec les facteurs suivants :

- Les changements de paradigmes : nous sommes tous diriger par des modèles mentaux (des schémas de pensée) qui nous permettent d'agir par automatismes et qui réduisent les efforts nécessaires pour réussir. Cependant, d'autres de ces modèles mentaux ont tendance à freiner nos compétences naturelles. Souvenez-vous des sept changements de paradigmes susceptibles de faciliter ou, au contraire de freiner votre progression vers la performance optimale :

  1) rigidité / flexibilité;
  2) nécessité / possibilité;
  3) blâme / aide;
  4) jugement / évaluation;
  5) récrimination / résolution de problèmes;
  6) éparpillement / concentration;
  7) préférence / engagement.

- Les obstacles à la communication : soyez conscients en tout instant de l'impact produit par votre communication sur vous-même et sur les autres. Les mots que vous utilisez peuvent ruiner vos efforts ou, au contraire, faciliter l'atteinte des buts recherchés. Le choix vous appartient.

- Maîtriser vos émotions : il est, aujourd'hui, prouvé que le quotient émotionnel (QE) est plus important que le quotient intellectuel (QI). En parvenant à maîtriser vos émotions, vous augmentez considérablement votre capacité à atteindre la performance optimale. Souvenez-vous de l'A-B-

C de la Thérapie rationnelle émotive des comportements. Utilisez l'outil de la réflexion pour créer un espace entre le stimulus et votre réponse. Ayez une vision claire de votre futur.

- Faire le bon choix : au cours de votre parcours en direction de la performance optimale, vous aurez grand intérêt à faire preuve d'un pouvoir de décision. L'apprentissage d'une méthode permettant de faire des bons choix atténuera vos doutes et vos hésitations au cours de votre progression en direction de vos objectifs. Une approche structurée et systématique facilitera énormément votre prise de décision et vous aidera à faire le « bon choix. »

- Mesurer vos progrès : votre progression sera facilitée si vous enregistrez les progrès réalisés. Cette activité vous fournira les informations nécessaires pour juger de la qualité de votre parcours en direction de la maîtrise. Nous vous suggérons d'élaborer un système de mesures solide et utile, destiné à enregistrer la façon dont vous atteignez vos objectifs prédéterminés, au cours de votre parcours vers l'excellence.

C'est la clé pour mettre en pratique l'adage « Ce qui est récompensé est répété » et en retirer les meilleurs bénéfices.

Conclusion et voie à suivre

Vous avez suivi la voie qui vous a appris comment instaurer la **performance optimale** telle une habitude dans votre routine quotidienne.

Dans ce livre, nous avons insisté sur la nécessité de donner une direction claire à vos efforts. Nous avons également vu comment vous pouvez réduire les déviations qui vous écartent de cette direction, grâce à un sentiment affirmé de votre mission (pourquoi) et un ensemble de valeurs (gardes-fous) qui vous permettront de rester sur la voie que vous avez choisie.

Nous avons appris l'importance de la **relaxation corporelle** dans le ralentissement de votre processus mental, ce qui permet de créer une réflexion claire. Grâce aux techniques de la PNL, nous avons créé des procédés (affirmations positives et visualisations créatrices) destinés à ancrer en vous de nouveaux schémas de pensée qui serviront d'**automatismes** pour instaurer la **maîtrise** dans votre vie quotidienne. Pour nous assurer que votre « moi émotionnel » vous suivra dans votre parcours, nous avons attribué une valeur très importante à la **gratitude**, une technique d'élimination de la **peur**.

Toutes ces actions ne pourront prendre racine aussi efficacement si vous ne vous rendez pas quotidiennement dans votre gymnase mental afin de vous entraîner à mettre ces concepts en pratique, en un sens, cultiver votre jardin.

Souvenez-vous, le cerveau est semblable à un jardin. Si vous ne l'entretenez pas, il sera bientôt recouvert de mauvaises herbes. Elles seront une entrave importante si vous souhaitez atteindre et utiliser la performance optimale au cours de votre vie quotidienne.

La bonne chose, avec le bon dosage, au bon moment[MC] est un principe indéniable. Nous devons nous efforcer d'éliminer le gaspillage et d'utiliser au mieux nos ressources en temps, énergie et compétences. Autrement, nous risquons de ne point atteindre les résultats souhaités et en fin de compte, nous mènerons une vie de regrets (« si seulement j'avais… »).

Le choix vous appartient. Il s'agit de votre vie. Une chose est certaine. Vous ne pourrez plus jamais ignorer ces nouvelles connaissances. Après avoir réalisé et compris ce qui se passe en vous, vous ne serez plus capable de considérer la vie de la même façon qu'auparavant. Désormais, vous entreprenez un voyage destiné à améliorer vos résultats tout en réduisant votre stress.

> *Le pouvoir vient de l'usage approprié de nos connaissances.*

On dit que le pouvoir vient de la connaissance. Il serait plus approprié de dire que « le pouvoir vient de l'usage approprié de nos connaissances. » Vous savez, désormais, que sans l'action correspondante, une vision n'est qu'un rêve. Et, comme le souligne Joel Barker[32], une action sans vision n'est qu'un simple passe-temps. Ce n'est que lorsque l'action est associée à la vision que nous pouvons transformer le monde (à commencer par soi-même).

---

[32] Barker, Joel. *Discovering the Future Series: The Power of Vision.* Programme vidéo. Star Thrower Distribution, Inc. 1991.

La clé de votre futur succès dépend d'une vision claire de votre avenir. Souvenez-vous de la phrase d'Einstein, « le meilleur moyen d'avoir un avenir brillant, c'est de le créer. » Peu importe si votre direction nécessite, de temps à autre, quelques ajustements. Ce qui importe, c'est d'avoir un but à atteindre. Ce n'est que lorsque votre but est clairement déterminé que vous pouvez utiliser toute la puissance de votre désir pour l'atteindre. Autrement, vous entreprenez un voyage incertain qui vous mènera Dieu sait où...

Pour parvenir à la performance optimale, il est indispensable d'avoir une vision claire de votre avenir et harmoniser vos connaissances, vos compétences et vos spécialités. En évitant les virages coûteux, vous vous alignerez étroitement sur la direction qui mène à votre objectif de vie. Vos valeurs assureront « **l'efficacité à moindre effort** », c'est-à-dire à la **performance optimale**.

Une recette simple

Nous avons parcouru les divers éléments du **Programme AïM**^{MC} en insistant particulièrement sur un état d'**alerte**, la nécessité de la prise de conscience, première étape en direction de la performance optimale. Nous avons également vu qu'à moins d'**intérioriser** le concept ou l'idée que vous considérez comme d'importance capitale, vous manquerez de rigueur dans l'utilisation de la performance optimale.

Mais, outre l'ajout de cette idée, de ce concept, dans votre palette de techniques à votre disposition, vous devez également **intégrer** cette idée au sein de votre routine quotidienne, afin qu'elle figure au nombre de vos diverses compétences, connaissances et spécialités que vous utilisez pour vous aider dans votre effort.

Finalement, afin d'être certain de parfaitement utiliser la technique de la performance optimale, vous devez vous entraîner constamment pour développer la **maîtrise**, tout comme vous le feriez pour votre entraînement physique. Sans entraînement, les muscles perdent leur tonicité et leur force. Il en est de même pour vos facultés mentales.

Pour pouvoir atteindre la performance optimale – **la bonne chose, avec le bon dosage, au bon moment**[MC] - la recette utilisée doit être cohérente, systématique, et répétée de façon fiable. Cela représente la base de toute gestion de qualité et de toute progression constante et elle s'applique à tous les niveaux de performance. Le **Programme AïM**[MC] vous offre cette technique et vous guide sur la voie de l'excellence. Le niveau d'excellence que vous atteindrez ne dépend que de vous. Vous pouvez aller aussi loin que vous le voulez. C'est totalement votre choix.

Le succès APRÈS le travail

Il est une loi naturelle indéniable : « à chaque action correspond une réaction opposée et de force égale. » En termes

> La réalité, c'est que le « succès » ne se produit avant le « travail » que dans le dictionnaire.

techniques, cela signifie que l'énergie n'est jamais détruite. Elle ne fait que se transformer d'un état à un autre. De façon à obtenir le succès dans vos réalisations, vous devez travailler pour transformer toutes les compétences que vous avez accumulées au cours de votre vie en outils capables de produire la performance optimale à chaque moment opportun.

Interrogez n'importe quel homme d'affaires d'envergure ou athlète de haut niveau. Ils vous répondront tous qu'ils ont travaillé énormément fort pour parvenir à leur niveau actuel. Le succès ne s'obtient qu'après avoir travailler très fort pour y arriver. Il en est de même dans le domaine de la performance optimale. Cependant, il ne s'agit pas de travailler fort physiquement. En matière de performance optimale, l'expression « travailler fort » fait référence à une répétition mentale concentrée et régulière qui vous assure que les automatismes requis pour vous permettre d'atteindre le succès se déclencheront dans les moments critiques.

L'une des façons de vous assurer que vous inclurez toujours votre gymnase mental (travailler fort) dans votre vie, consiste à intégrer cette dernière dans votre routine quotidienne. Réservez 15 minutes à cette occupation, chaque matin et chaque soir, avant de vous coucher. Assurez-vous d'enregistrer clairement cette activité dans votre agenda ou sur votre calendrier ou, si vous êtes amateur de technique, planifiez une alarme sur votre téléphone cellulaire ! De même que l'air que vous respirez est indispensable à votre survie, votre gymnastique mentale représente votre passeport pour la performance optimale.

Il vous faudra prendre le temps de vous relaxer, de créer des affirmations positives, des visualisations créatrices, d'exprimer votre gratitude et rôder le processus de déclenchement de vos réactions afin que, lorsque nécessaire, lorsque que vous vous sentirez peu sûr de vous, que vous douterez de vos compétences, vous puissiez, sur commande, vous placer dans l'état requis pour obtenir la performance optimale (la ZONE). De cette façon, vous augmenterez vos chances d'atteindre votre but et, ainsi, accroître le potentiel de reconnaître l'important maintenant! Vous serez ainsi en mesure de ne vous soucier que de « ce qui est important, maintenant! ».

Assurez-vous d'ancrer profondément en vous, la conviction que la clé de votre succès dans l'utilisation de la performance optimale, et ce, de façon permanente, c'est de pratiquer,

pratiquer, pratiquer (travailler fort), de façon uniforme, assidue et répétitive.

Demandez de l'aide

Vous avez investi beaucoup de temps pour prendre conscience de ce qui vous est nécessaire pour développer la performance optimale dans votre vie. Avez-vous découvert un certain nombre de choses à la lecture de ce livre ? Ou, au contraire, considérez-vous que ce livre ne contenait rien de nouveau ? Pensez-vous avoir élevé votre niveau de conscience au sujet de certaines idées et concepts qui font partie de votre vie quotidienne ? Cet exercice ne vous a-t-il pas rappelé un certain nombre de faits que vous connaissiez depuis longtemps ?

Vous disposez, désormais, d'un processus structuré et systématique qui vous permettra d'intégrer les connaissances, les compétences et les capacités que vous avez développées au cours de votre vie, face à la plupart des défis que vous rencontrerez.

Toutefois, si vous ressentez le besoin de clarifier davantage, de préciser certains concepts ou idée que nous avons passés en revue, je me ferai un plaisir de répondre à vos questions, d'apporter les clarifications nécessaires et même d'accepter vos suggestions afin d'approfondir votre compréhension des concepts et du processus de « **la bonne chose, avec le bon dosage, au bon moment**MC ». Ainsi, vous profiterez encore plus des bénéfices de ce processus.

Je suis prêt à vous fournir les explications supplémentaires nécessaires et vous guider dans l'utilisation du **Programme AïM**MC. Mon but est de partager avec vous une technique éprouvée qui peut créer une différence considérable dans tous les aspects de votre existence. Cette technique peut améliorer considérablement vos résultats, vous faisant passer d'un niveau de performance acceptable à un niveau remarquable dès l'instant où vous le souhaitez.

Je vous encourage à devenir proactifs et à anticiper le moment ou vous appliquerez « **la bonne chose, avec le bon dosage, au bon moment**[MC] ». Votre vie se transformera en un voyage personnel vers l'excellence et la performance optimale.

Pour de plus amples explications, ou une réponse à vos questions, je serais heureux de répondre à votre courriel.

<u>Points de contact</u>
Pour de plus amples détails et une réponse à vos questions, veuillez nous contacter :

adresse courriel : <u>coachP@aimforlifemastery.com</u>
adresse additionnelle : repars1@sympatico.ca
site web : www.aimforlifemastery.com

ANNEXES

ANNEXE 1

Créer une vision irrésistible de votre avenir

Il s'agit d'un processus grâce auquel vous pouvez définir les contours précis (vision) de ce que vous désirez accomplir dans l'avenir. Sa projection est, habituellement, d'une dizaine d'années. Ce laps de temps maintient cette vision dans le domaine du possible tout en évitant de la restreindre par des obstacles qui peuvent exister aujourd'hui. La raison essentielle de cette projection dans l'avenir c'est qu'elle permet de créer une image précise du futur souhaité, image sur laquelle votre cerveau subconscient va devoir se concentrer. Cela va créer un état mental du futur désiré; de cette place, il est possible de regarder vers le cheminement déjà accompli et mieux concevoir les actions qui aideront à parvenir à ce but.

Dès lors, votre subconscient vous guidera infailliblement dans les moments ou vous auriez tendance à dévier de la ligne droite qui vous mène directement vers votre vision de l'avenir.

Le futurologue Joel Barker a identifié trois caractéristiques que vous devriez intégrer dans votre vision de l'avenir. Votre vision doit être :

- **Positive et inspirante**. Notre subconscient ne peut distinguer l'imaginaire du réel. Que votre vision soit puissante, fascinante et irrésistible afin qu'elle suscite une émotion en vous, chaque fois que vous la visualisez.

- **Partagée et soutenue par d'autres personnes.** Vous n'êtes pas seul au monde. Il vous faut donc impliquer une personne qui vous est chère, des amis proches, dans cette vision enthousiaste de votre avenir.
- **Détaillée et exhaustive.** Plus votre vision contiendra de détails, plus vos sensations (vos émotions) auront de force pour vous guider en direction de votre vision.

En temps qu'êtres humains complets, votre vision devrait concerner tous les aspects de votre vie. Des spécialistes, tels que Lee Pulos et Joel Barker, recommandent que votre vision aborde un large éventail de domaines composant votre vie :

- Physique : santé, forme, force, capacités
- Mental : maîtrise de vos pensées, capacité à réfléchir clairement, calme et concentration
- Émotionnel : développement de l'intelligence émotionnelle permettant de choisir vos réactions face aux situations critiques.
- Psychologique : équilibre, élimination des erreurs, capacité d'agir rationnellement lorsque nécessaire
- Spirituel : connaître votre place dans l'univers, comprendre votre but dans la vie
- Financier: situation financière, vos avoirs
- Professionnel : détermination de vos compétences, développement personnel
- Social : vos activités sociales, ce que vous offrez en temps et en connaissance
- Familial : relations affectives, situation personnelle (couple, enfants, etc.)
- Loisirs : passe-temps favoris, principaux centres d'intérêt, voyages, sport, relations amicales
- Philanthropique: votre aide humanitaire

- Tout autre domaine que vous pourriez choisir pour aider à la description détaillée de votre avenir dans 10 ans.

La création de cette vision devrait respecter la **Règle des 3P** : elle devrait être, **P**ersonnalisée (je suis, je fais, je vis…) ; **P**résente (comme si elle existait déjà) ; **P**ositive (afin de permettre au cerveau subconscient d'agir).

Votre vision devrait décrire l'avenir tel que vous souhaiteriez le vivre.

Avertissement
Il ne faut pas confondre « vision » et « mission ». L'une répond à la question « Où voulez-vous aller? » tandis que l'autre répond à la question « pourquoi y aller? ».
Assurez-vous donc de vous concentrer sur la représentation du futur que vous désirez lorsque vous utiliserez des mots pour décrire la vision.
Par contre, évitez d'évoquer les raisons qui vous incitent à agir ainsi et les actions que vous allez entreprendre pour y parvenir. Ces raisons et actions forment ce qu'on appelle un « énoncé de mission » et répondent à la définition de la mission. La citation suivante vient du site Internet de Nightingale-Conant et caractérise ce qu'est un énoncé de mission :

Énoncé de Mission :
une promesse ferme qui vous entraîne vers les buts que vous vous êtes fixés.

Un énoncé de mission réfléchi, orienté vers un but déterminé (orienté vers une vision claire de l'avenir), peut agir comme un coach en réussites, en vous procurant la concentration requise, en vous indiquant la direction à suivre et en vous conférant la responsabilité nécessaire pour réussir votre carrière, atteindre vos objectifs, financiers ou personnels (votre vision).

Un exemple de vision irrésistible

Je vous partage un exemple d'une vision qui produira des résultats. Il s'agit de la vision écrite par l'un de mes jeunes clients âgé de 16 ans, que j'ai guidé au cours de cet exercice. Elle combine à la fois la vision et la mission de cette personne. Toute référence à des noms ou à des lieux a été effacée pour protéger l'anonymat des protagonistes.

Veuillez noter que la vision et la mission sont intégrées. Cette déclaration couvre de nombreux aspects de la vie d'une personne, comme nous l'avons vu plus haut. Les raisons incluses dans cet énoncé expliquent pourquoi (mission) la vision est attractive et agira comme une TRACTION vers son but.

Description de sa vision, projetée 10 ans plus tard

J'ai 26 ans et je puis dire que j'ai réussi dans mes études, dans ma carrière professionnelle, ainsi que dans les domaines amical et relationnel. Je dispose d'une grande force mentale, physique et émotionnelle lorsque je suis confronté à des situations difficiles ou que j'ai à relever des défis. Lorsque je parle de succès universitaire, je fais référence à mes diplômes universitaires et à ma licence obtenus dans une académie renommée. Cela me permet d'envisager, après ma carrière sportive de basketteur, une situation professionnelle agréable susceptible de nous procurer une vie heureuse. Je suis ingénieur en électricité et envisage d'exercer cette profession dans l'avenir. Cette perspective me garantit une existence sans problème financier car elle me procure un salaire gratifiant que je puis investir dans différents opérations bancaires me permettant d'assurer mon avenir.

Actuellement, c'est le plan que j'envisage pour ma seconde carrière, lorsque ma carrière actuelle de basketteur sera terminée. Mes compétences sportives m'ont permis de figurer au sein d'une équipe professionnelle européenne avec, pour but ultime, un engagement au sein d'une équipe de la NBA, la division professionnelle américaine. Au cours de ma vie universitaire, j'ai suivi les cours d'une école américaine qui offrait une solide formation académique ainsi qu'un programme d'entraînement au basket-ball capable de rivaliser avec celui des meilleures équipes universitaires de la NCAA. Je me suis consacré quotidiennement à ces activités, m'entraînant au basket-ball et étudiant mes cours extrêmement sérieusement. J'ai, également, assimilé les principes mentaux du basket-ball appliqués à la vie quotidienne avec mon coach, utilisant les différents types d'exercices pour construire ma maîtrise mentale.

Mes relations familiales sont extrêmement importantes et je m'emploie de mon mieux à prendre soin des divers membres de ma famille avec lesquels je conserve des relations étroites, spécialement lors des réunions régulières organisées à certaines occasions, comme Noël et Thanksgiving. En outre, grâce à ma générosité, ma sincérité et ma gentillesse, je m'efforce de nouer des relations amicales avec de nouvelles personnes, tout en maintenant des liens étroits avec mes amis actuels. En effet, je suis conscient de l'importance que revêt une vie sociale forte, spécialement en termes de dévouement, ce qui apporte davantage de joie dans notre existence.

Sur le plan de la spiritualité, je me décris comme une personne qui comprend sa place dans le monde, en travaillant dur pour atteindre mes buts et en aidant mon entourage grâce à des valeurs importantes telles que l'intégrité, la générosité, le respect des autres, l'entraide mutuelle, afin que chacun puisse atteindre un seuil optimal de bonheur. Je m'efforce de paraître aux yeux des autres comme un être fort, doté de la capacité à toujours prendre la bonne décision, même dans les moments difficiles, et disposé à aider les autres quand ils sont dans le besoin, quelqu'un qui sait s'intéresser aux autres.

Je m'assure d'aider, à mon tour, ma communauté qui m'a aidé à devenir la personne que je suis aujourd'hui. J'aide ceux qui sont démunis et qui sont incapables de subvenir à leurs propres besoins. J'attribue l'essentiel de mon développement à la région XXXX qui, grâce aux diverses équipes de basket-ball au sein desquelles j'ai joué, m'a aidé à devenir plus sociable en me plaçant quotidiennement dans des situations nouvelles, au contact de gens différents. J'apporte mon aide à la direction d'une équipe ou je participe financièrement aux différents programmes, etc... En outre, j'apporte mon aide aux gens et aux enfants de XXXX. Je contribue à offrir des opportunités à de nombreux jeunes enfants qui disposent du potentiel susceptible de leur apporter le succès dans leur vie mais qui ne peuvent s'exprimer pleinement à cause du manque d'argent ou de support de la part de leurs familles respectives. Je participe à l'élaboration de divers programmes d'entraînement en consacrant du temps à aider des enfants et apporte mon aide dans le cadre de leurs différentes activités, qu'il s'agisse de leur éducation ou d'autres domaines d'activité.

Je me considère comme un être humain accompli, en bonne santé, apprécié pour ses qualités morales et caractérielles, comme quelqu'un qui a brillamment réussi dans le domaine universitaire et sportif. Je souhaite embrasser une carrière d'ingénieur lorsque ma carrière de basket-balleur sera terminée.

Un phare directeur éclairant son avenir.

Vous le voyez, ce garçon a décrit de façon extrêmement détaillée ce qu'il veut devenir et accomplir dans 10 ans. Il voit déjà très clairement comment il va cheminer en regardant vers les pas qu'il a pris au cours de ces dix années. Cette description va le TRAÎNER VERS

AïM, la Maîtrise de la vie

l'avenir en l'aidant à faire les bons choix dans sa vie. Il atteindra probablement son objectif. Et, si certains changements se produisent en cours de route, il lui sera facile de procéder aux ajustements requis car il vise à atteindre un but inspirant et irrésistible.

PO = la bonne chose, avec le bon dosage, au bon moment[MC]

ANNEXE 2

Une liste de valeurs

Cette liste de valeurs a été élaborée grâce à une revue très approfondie des caractéristiques de l'être humain, sur son lieu de travail et dans le cadre de ses activités sociales. Ces valeurs ont été recensées par Bill Belanger, un professeur émérite, retraité de l'université d'Ottawa, Ontario, Canada.

Cette liste est destinée à nous rappeler les multiples valeurs qui entrent en jeu au cours de chaque situation rencontrée dans le cadre de notre vie quotidienne. Lorsque l'on analyse les raisons d'un comportement ou d'une réaction, dans une situation déterminée, il est utile de se rappeler que nous sommes tous différents. Il nous est alors beaucoup plus facile de penser en termes de « différente » plutôt qu'en termes de « pas correcte », lorsque que nous évaluons ou jugeons la façon de penser d'une autre personne.

Cette liste fournit également une référence destinée à déterminer, de façon précise, les quelques valeurs que vous choisirez comme gardes-fous au cours de votre voyage vers la performance optimale.

Liste de valeurs reconnues

Dans la liste suivante, vous reconnaîtrez certainement de nombreuses valeurs auxquelles vous vous identifiez. Par contre, certaines autres vous seront peut-être inconnues. Cette liste a été élaborée au fil du temps et devrait être étudiée avec curiosité et un esprit de découverte.
Chacun y trouvera son compte. Ce qui est important, c'est d'être en alerte, et de mieux comprendre ce qui vous fait agir de telle ou telle manière, dans certaines circonstances, sans que vous en ayez conscience. Vous réagissez sans vous en rendre compte !

AïM, la Maîtrise de la vie

1.	Activité	41.	Équité
2.	Admiration	42.	Estime de soi
3.	Aventure	43.	Loyauté
4.	Affirmation	44.	Fidélité
5.	Authenticité	45.	Flexibilité
6.	Autonomie	46.	Indulgence
7.	Irréprochabilité	47.	Liberté
8.	Bienveillance	48.	Amabilité
9.	Prudence	49.	Frugalité
10.	Caractère	50.	Gentillesse
11.	Charité	51.	Originalité
12.	Collaboration	52.	Bonheur
13.	Confort	53.	Travailler fort
14.	Engagement	54.	Harmonie
15.	Communication	55.	Honnêteté
16.	Compétence	56.	Honneur
17.	Compétitivité	57.	Espoir
18.	Conformité	58.	Humour
19.	Confiance en soi	59.	Indépendance
20.	Confiance aux autres	60.	Individualité
21.	Concordance	61.	Assiduité
22.	Consensus	62.	Innovation
23.	Considération	63.	Inspiration
24.	Cohérence	64.	Intégrité
25.	Satisfaction	65.	Interdépendance
26.	Contribution	66.	Implication
27.	Coopération	67.	Joie
28.	Courage	68.	Justice
29.	Courtoisie	69.	Bonté
30.	Créativité	70.	Légitimité
31.	Crédibilité	71.	Amour
32.	Décence	72.	Savoir-vivre
33.	Déférence	73.	Matérialisme
34.	Démocracie	74.	Humilité
35.	Fiabilité	75.	Miséricorde
36.	Discipline	76.	Mérite
37.	Discrétion	77.	Modération
38.	Distinction	78.	Moralité
39.	Émotion	79.	Instinct maternel
40.	Encouragement	80.	Netteté

PO = la bonne chose, avec le bon dosage, au bon moment[MC]

81.	Noblesse	112.	Respectabilité
82.	Obéissance	113.	Respect
83.	Franchise	114.	Responsabilité
84.	Opportunité	115.	Reddition de comptes
85.	Optimisme	116.	Déférence
86.	Organisation	117.	Romantisme
87.	Originalité	118.	Autodiscipline
88.	Patience	119.	Sensibilité
89.	Patriotisme	120.	Sincerité
90.	Calme	121.	Habileté
91.	Bonne présentation	122.	Spiritualité
92.	Dévotion	123.	Spontanéité
93.	Convivialité	124.	Stabilité
94.	Charme	125.	Prestige
95.	Aplomb	126.	Avarice
96.	Politesse	127.	Tact
97.	Popularité	128.	Esprit d'équipe
98.	Esprit positif	129.	Tempérance
99.	Esprit possessif	130.	Ténacité
100.	Potentiel	131.	Prévenance
101.	Pouvoir	132.	Économie
102.	Esprit pratique	133.	Tolérance
103.	Pragmatisme	134.	Tranquilité
104.	Productivité	135.	Digne de confiance
105.	Prudence	136.	Vérité
106.	Ponctualité	137.	Singularité
107.	Quiétude	138.	Validité
108.	Le rationnel	139.	Véracité
109.	Reconnaissance	140.	Virtuosité
110.	Réputation	141.	Vertu
111.	Ingéniosité	142.	Sagesse

ANNEXE 3

Le Processus 3R^MC

Le **Processus 3R**^MC (**Reposer/Relaxer/Recharger**) est une méthode destinée à vous procurer repos, relaxation et la recharge de vos batteries émotionnelles. Elle est basée sur trois principes : 1) l'utilisation de la respiration programmée; 2) la capacité du cerveau à être programmé afin d'agir de façon inconsciente ; 3) la répétition destinée à assurer le bon fonctionnement du processus. L'application de cette technique telle que décrite ci-dessous, permet d'intégrer la capacité de se reposer à volonté, de se débarrasser du stress sur commande, et de régénérer votre énergie émotionnelle n'importe quand, n'importe où, dans n'importe quelle situation.

Le processus est simple mais devrait être pratiqué rigoureusement, en répétant toujours la même action afin d'ancrer le concept. Pratiquer cet exercice, deux fois par jour, pendant au moins 21 jours, imprimera ce processus dans votre cerveau. La nouvelle **Habitude 3R**^MC peut ensuite être réactivée en adoptant la **Posture 3R**^MC. Cette position assise (contrairement à la position allongée) permet l'intégration d'un processus qui peut être utilisé dans n'importe quelle circonstance. Le **Processus 3R**^MC devrait être pratiqué le matin, dès votre réveil et le soir, avant de vous coucher.

La Programmation du Processus 3R^MC.
La **Posture 3R**^MC nécessite que vous vous asseyez et restiez immobile sur une chaise droite, les épaules rejetées en arrière, la tête haute, vos mains reposant sur vos genoux, paumes tournées vers le haut, les pieds à plat sur le sol. Ceci devrait se dérouler dans un lieu confortable et tranquille.

Inspirez par le nez (**I**) , retenez votre respiration (**R**) puis expirez (**E**) par la bouche de façon contrôlée. Les trois étapes de la respiration programmée devraient, idéalement, se dérouler selon le rythme suivant : 1- 4 -2, (par exemple, **inspirez** pendant 3 secondes, **retenez votre respiration** pendant 12 secondes et **expirez** pendant 6 secondes). Pendant l'inspiration, gonflez votre abdomen (plutôt que votre poitrine) afin de : 1) utiliser l'intégralité de votre capacité pulmonaire; 2) absorber la quantité maximale possible d'oxygène. Si vous éprouvez quelques difficultés à respecter le rythme 1-4-2, utilisez, au minimum, le rythme 1-1-1.

Répétez cet exercice pendant 5 à 7 minutes, sans bouger et en chassant toute pensée de votre esprit. Pour vous aider à ralentir votre activité mentale, prononcez le mot « STOP » ou visualisez- le mentalement.

Afin de permettre la création d'une **Réponse 3R**[MC] automatique et subconsciente, utilisez le tableau ci-dessous, chaque jour, matin et soir, pendant 21 jours, en cochant une case chaque fois que vous pratiquerez cet exercice. Tout comme aller au gymnase développe votre musculature, l'entraînement de votre cerveau renforce vos capacités mentales. Intégrez cet entraînement dans le cadre de votre routine quotidienne. La répétition régulière de cet exercice créera de nouveaux schémas de pensée dans votre cerveau subconscient qui vous permettront d'éliminer le stress et de provoquer, en vous, un état de relaxation sur commande.

Tableau de Programmation – Processus 3R[MC] (inscrire le jour du mois)

Jour	1	2	3	4	5	6	7
Date							
Matin							
Soir							
Jour	8	9	10	11	12	13	14
Date							
Matin							
Soir							
Jour	15	16	17	18	19	20	21
Date							
Matin							
Soir							

ANNEXE 4

Les rythmes cérébraux

Ce qui va suivre est un court résumé extrait de Wikipedia, l'encyclopédie sur Internet. Il s'agit de la description des principaux rythmes observés dans le cerveau humain. Cela permet de situer les «ondes alpha» qui représentent le niveau d'activité cérébrale que nous recherchons, dans le cadre de nos exercices de respiration programmée. Ce niveau d'activité permet à la conscience d'être présente tout en réduisant la résistance du subconscient aux suggestions créées par les affirmations positives et la visualisation créatrice.

Le niveau d'activité cérébrale alpha obtenue grâce à la relaxation respiratoire permet la création de nouveaux schémas mentaux. Il rend l'effort de reprogrammation plus efficace et nécessite moins de temps pour produire des résultats.

La fréquence de ses rythmes cérébraux est mesurée en hertz (Hz) et représente le nombre de cycles par seconde au cours d'une période déterminée. Les descriptions suivantes donnent un aperçu des divers niveaux cérébraux qui ont été reconnus et analysés.

Les Ondes Delta.
Fréquences de 1 à 4 Hz. Normales chez les très jeunes enfants, elles peuvent aussi caractériser certaines lésions cérébrales. Elles tendent à être de la plus haute amplitude et des fréquences plus lentes. Elles sont aussi observées chez les adultes au cours du sommeil profond.

Les Ondes Thêta.
Fréquences entre 4.5 et 8 Hz. On les observe principalement chez l'enfant, l'adolescent et le jeune adulte. Elle caractérise également certains états de somnolence ou d'hypnose, ainsi que lors de la

mémorisation d'information ou de la méditation. Elles se retrouvent aussi au cours d'un état de créativité relaxée, ou d'un sommeil peu profond.

Les Ondes Alpha.
Fréquences comprises entre 8.5 et 13 Hz. Elles caractérisent un état de conscience apaisée et sont principalement émises lorsque le sujet a les yeux fermés. C'est l'état le plus apte à recevoir des suggestions. Hans Berger qui fut le premier à enregistrer des ondes cérébrales les nomma « ondes alpha » parce qu'elles furent les premières à être vues sur un électroencéphalogramme (EEG).

Les Ondes Beta.
Fréquences supérieures de 14 à 30 Hz (généralement inférieures à 45 Hz.). Elles sont étroitement reliées aux comportements moteurs. Les ondes Beta de fréquence variable et d'amplitude réduite apparaissent souvent en période d'activité intense, de concentration active ou d'anxiété.

Les Ondes Gamma.
Fréquences supérieures à 30 Hz et, généralement, d'environ 40 Hz. Elles ont été récemment impliquées dans les processus de liage perceptif, ou différents groupes de neurones connexes se lient pour produire une fonction cognitive quelconque.

Les lecteurs sont encouragés à approfondir leurs recherches sur ce sujet, s'ils souhaitent des informations supplémentaires.

ANNEXE 5

Créer des affirmations puissantes

L'un des moyens efficaces de programmer notre cerveau subconscient est par l'utilisation de notre discours interne, c'est-à-dire la petite voix intérieure qui s'exprime dans notre tête.

Elle est à l'oeuvre en permanence et, si elle n'est pas contrôlée, elle tend à égarer notre processus de réflexion. Nombre d'entre nous ont été programmés négativement depuis notre plus jeune âge par des parents et des éducateurs bien intentionnés. Souvenez-vous du nombre de fois où, lorsque vous étiez petit, on vous a dit « non », « ne touche pas à cela, tu vas te faire mal », « tu es trop petit ». Si vous vous approchiez trop près du bord de l'eau (piscine, lac ...), on vous grondait en vous expliquant le danger que vous courriez de tomber à l'eau. Si vous tentiez de manger quelque chose tombé sur le sol, on vous expliquait que le sol était sale et l'on vous disait, « ne mets pas cela dans ta bouche. »

Le flot d'informations négatives ne s'arrêtait jamais, bien qu'émanant de bonnes intentions. Il n'est pas étonnant que notre subconscient ait été imprégné de négativité. Et, aujourd'hui que vous êtes adulte, lorsque vous êtes confronté à une situation déterminée ou que vous recevez un stimulus particulier, vous avez une tendance naturelle à distinguer, au préalable, l'aspect négatif des choses. Votre subconscient suscite des questions qui vous incitent à focaliser votre attention sur « ce qui pourrait aller de travers », « et si... », « Suis-je capable de... », c'est-à-dire qui provoquent en vous, doute et incertitude. Ne pensez-vous pas qu'il est temps d'utiliser cette petite voix pour qu'elle dirige vos pensées vers l'aspect positif des choses ?

J'ai une bonne nouvelle à vous annoncer. Tout comme vous avez été programmé au cours de votre enfance et que vous continuez à l'être à

---

cause de la publicité, vous pouvez utiliser la même technique pour vous reprogrammer. L'utilisation régulière, cohérente et répétée d'un message verbal, créera de nouveaux synapses dans votre subconscient qui affecteront votre pensée automatique et vous aideront à réagir face aux situations que vous rencontrerez d'une façon beaucoup plus efficace et productive.

Cette technique est appelée technique « d'affirmations positives. » Elle consiste à répéter une affirmation qui décrit une situation que vous souhaitez créer dans votre vie quotidienne. Par exemple, si vous souhaitez arrêter de fumer, vous pouvez créer un programme mental en disant, « je suis un non-fumeur et j'apprécie tous les avantages d'un environnement sans fumée.» Vous pouvez accroître encore l'impact de cette affirmation en ajoutant un détail concernant le fardeau financier représenté par cette mauvaise habitude, l'amélioration de votre santé ou encore le plaisir d'avoir retrouvé une bonne haleine.

La répétition systématique et structurée de cette affirmation créera, au fil du temps, une nouvelle croyance au sein de votre subconscient qui vous permettra d'arrêter de fumer avec le minimum d'effort. Tout repose sur le fait que cette affirmation doit être effectué de façon efficace afin de créer de nouveaux synapses dans votre cerveau.

Des affirmations puissantes pour reprogrammer efficacement

Le processus suivant est recommandé :

1. Écrivez votre affirmation en utilisant la **Règle des 3P** : qu'elle soit personnelle (je suis, je fais, etc....), qu'elle soit écrite au présent (comme si tout s'était déjà produit) et de façon positive (n'utilisez pas d'expressions négatives-« je ne fume pas », mais utilisez des expressions positives-« je suis non-fumeur »). Assurez-vous d'avoir votre affirmation écrite afin de la lire lorsque vous la répéter.

2. Lorsque vous prononcez cette affirmation, utiliser une technique de relaxation (comme le **Processus 3R**[MC]) afin de préparer le terrain

pour placer votre cerveau subconscient en phase alpha. Cela réduira la résistance naturelle de votre subconscient à accepter les nouvelles idées que vous souhaitez lui imprimer.

3. Lisez votre affirmation, de trois à cinq fois, à haute voix. Vous toucherez votre cerveau subconscient par l'intermédiaire du nerf optique (la lecture), du nerf auditif (vous entendrez votre propre voix) et des terminaisons nerveuses sensorielles de votre boîte crânienne (votre voix résonnera). Cela produira un impact massif sur votre cerveau qui permettra d'ancrer ce message dans de nombreuses zones de votre mémoire à court et à long terme. Grâce à la répétition de cette action, les synapses ainsi créés (les connexions entre les différentes parties de votre cerveau) se transformeront en un nouveau programme qui facilitera l'apparition de nouvelles interprétations des stimuli liés à l'état recherché.

4. N'utilisez pas plus de trois affirmations simultanément. Votre cerveau subconscient doit se concentrer sur un minimum d'idées simultanément. De trop nombreuses affirmations créeront une confusion dans votre cerveau et réduiront ainsi leur impact. Cela augmentera la durée exigée pour les rendre permanentes et affaiblira, probablement, votre capacité à adopter les nouveaux schémas mentaux que vous vous efforcerez de développer. Au fil du temps, cela vous incitera peut-être à estimer que ce processus ne fonctionne pas et vous perdrez le bénéfice du travail mental que vous effectuez.

5. L'idéal serait que vos affirmations concernent, simultanément, trois (3) domaines de performance différents : un état de bonne forme physique, un état de pouvoir mental imaginé, et une performance concrète (activité ou action) en rapport avec votre vie quotidienne. Par exemple, lorsque je travaille avec un athlète, je suggère:

- Une affirmation qui renforce les capacités physiques (force, agilité, rapidité, souplesse, santé...)
- Une affirmation qui renforce les capacités mentales (calme, clarté, concentration, visualisation, élimination des distractions, capacité à bloquer les stimuli extérieurs...)
- Une affirmation qui renforce une performance concrète (capacité à accomplir une certaine action – lancer une rondelle, lancers

des ballons au basket-ball, frapper une balle, assouplir le swing de golf, faire une présentation efficace, négocier un contrat, vendre son point de vue...).

Ce processus peut être utilisé dans n'importe quelle situation. Il est simple et facile à utiliser. Le point important, c'est qu'il exige de **travailler fort** de façon constante afin de vous assurer qu'un impact puissant a frappé votre cerveau subconscient. Ce dernier (le cheval) est très puissant. Il faut produire un effort puissant, de façon logique, rationnelle et consciente pour le conduire à l'état d'action désiré. Un effort assidu est exigé pour créer un nouveau schéma mental.

ANNEXE 6

Visualiser pour reprogrammer

Un autre aspect du processus de reprogrammation de votre cerveau subconscient (le cheval), c'est l'utilisation de la visualisation créatrice. Votre subconscient étant incapable de distinguer l'imaginaire du réel, il s'agit d'une méthode puissante destinée à vous aider à vous débarrasser de certains de vos acquis et à réapprendre, sans effets secondaires négatifs.

La technique de la visualisation créatrice s'inspire des travaux de Johannes Schultz qui, au début des années 30, nous fit découvrir et comprendre la programmation autogène. Ses travaux mirent en évidence la capacité de notre cerveau subconscient à agir à partir d'une image qui lui est suggérée. Des athlètes de diverses disciplines furent soumis à des tests qui soulignèrent l'impact produit par la visualisation d'une performance future grâce à la technique de la visualisation créatrice.

Plus récemment, des recherches intensives ont été effectuées, entre autres, par le psychologue renommé Lee Pulos qui a créé un programme intitulé «*The Power of Visualisation*» *(le pouvoir de la visualisation)*, dans lequel il nous expose, de façon détaillée, comment nous pouvons améliorer nos résultats grâce au pouvoir de l'imagination c'est-à-dire, en imaginant, à l'avance, l'action que nous allons accomplir.

Voici la description que fait Amazon.com, sur l'Internet, du programme enregistré par le docteur Pulos et publié par Nightingale-Conant, en 1994 :

> « VOIR, C'EST ACCOMPLIR... L'un des outils les plus puissants jamais créés pour l'accomplissement de vos objectifs. La visualisation

à aidé des millions de personnes à atteindre leurs buts. Cette méthode peut vous permettre d'identifier et de vaincre les obstacles à votre progression, rendant votre parcours vers le succès si réel que vous pouvez presque le ressentir, l'entendre, le sentir et le voir dans votre esprit... Ce programme est une véritable découverte... Il vous permettra d'utiliser cet outil quels que soient les défis que vous aurez à relever... Apprenez à utiliser «Le pouvoir de la visualisation»... et voyez votre succès dès aujourd'hui. »

Technique suggérée

Dans le cadre de mon activité auprès de mes clients, je suggère d'appliquer rigoureusement l'approche suivante afin d'optimiser leur capacité à visualiser leurs performances à l'avance :

1. Créez une sorte de courte vidéo mentale décrivant la performance souhaitée : visualisez un match (dans le cadre d'un sport), une situation précise (dans le cadre de l'activité professionnelle) ou un événement quelconque (dans le cadre de la vie quotidienne), et visualisez le résultat que vous recherchez pour remplacer l'action peu convaincante et, parfois, négative, qui est habituellement la vôtre. Le but consiste à créer un résultat qui résulte de l'application de la performance optimale. N'oubliez pas d'inclure des détails décrivant les sensations de puissance, de compétence, de culture..., requises pour obtenir le résultat recherché. Dans cette visualisation, incluez autant de détails que possible, y compris ceux ayant trait à vos 5 sens. Plus vous ferez appel à vos émotions et à vos sensations, plus fort sera l'impact de votre visualisation.

   Cette vidéo imaginaire devrait être d'une durée maximum de 10 secondes.

2. Visualisez cette vidéo en l'avançant et en la reculant, lentement au début puis, plus rapidement, afin de bien ancrer

les détails dans votre esprit. Vous disposez désormais d'une vidéo décrivant la performance que vous souhaitez accomplir. Elle devra être identique, chaque fois que vous la visualiserez afin que le message qu'elle transmet à votre cerveau subconscient soit uniforme, conforme au but, et répétable.

3. Une fois cette vidéo réalisée, vous pouvez, désormais, la visionner lorsque que vous procédez à votre programmation mentale (après la relaxation et les affirmations). Il est recommandé de procéder à cet entraînement de deux façons différentes.
   - tout d'abord, visionnez votre vidéo sur grand écran, comme si vous étiez assis dans un cinéma, en simple spectateur, sans vous intégrer à votre performance (**mode dissocié**).
   - ensuite, transportez-vous, avec un bruissement d'air, de votre fauteuil jusque dans votre corps sur l'écran, et de là, visionnez la vidéo avec toutes ses sensations et ses mouvements, comme si vous étiez véritablement en train d'accomplir l'action souhaitée (**mode associé).**

4. Répétez cet exercice de visualisation à deux ou trois reprises, chaque fois que vous allez à votre gymnase mental, en vous secouant et reprenant vos esprits après chaque répétition, afin que votre esprit subconscient apprenne à pénétrer et à ressortir de l'état de performance souhaitée.

Cet exercice de visualisation devrait être effectué après vous être placé dans le mode alpha, de préférence après avoir procédé à vos affirmations positives. L'ensemble du processus devrait se dérouler en continuité, de la relaxation, aux affirmations et enfin aux visualisations. Il est toujours recommandé d'effectuer ces exercices à un moment et d'une façon susceptibles de procurer l'impact maximum. Et cela se produit lorsque vous êtes détendu, que votre esprit est ouvert aux suggestions et que vous êtes concentré sur l'amélioration de votre performance (les périodes idéales sont, le soir, avant de vous coucher et le matin, à votre réveil).

Effectuer cet exercice avant de vous coucher, permettra à votre subconscient de continuer à travailler (les rêves) sur le thème voulu. En ce qui concerne l'entraînement matinal, il permet de bénéficier de l'État de fraîcheur dans lequel se trouve votre cerveau à votre réveil. Il est moins concentré sur la routine quotidienne et les situations inattendues rencontrées durant la journée.

N'oubliez pas que, selon les études spécialisées, 20 à 30 jours sont nécessaires pour obtenir la création d'un nouveau schéma mental au sein de votre cerveau subconscient. Vous apprendrez à vous conduire différemment dans les situations où vous obtenez, habituellement, des résultats indésirables. Ou encore, vous apprendrez à obtenir, sur commande, une réponse automatique et efficace lors des situations où vous devrez offrir le meilleur de vous-même.

ANNEXE 7

Des secrets de la communication

Vous trouverez ci après le résumé des concepts susceptibles d'accroître votre efficacité en matière de communication si vous les intégrez consciemment. Au cours de votre existence, consciemment ou non, vous avez utilisé tous ces aspects de la communication, que ce soit à votre bénéfice ou à votre détriment.

Comme dans chacun des aspects de la performance optimale, être tout à fait conscient du fait que ces concepts sont à l'oeuvre à tout moment vous permettra d'obtenir de meilleurs résultats et, en conséquence, d'éprouver une plus grande satisfaction dans tout ce que vous entreprenez.

Le point essentiel consiste à être conscient et flexible. Nous sommes tous différents, issus de milieux différents. Il est capital d'inclure le contexte lorsque vous reverrez ces concepts. Selon le contexte, il vous sera peut-être nécessaire d'interpréter tel ou tel concept de manière différente, lorsque l'occasion se présentera. Mais, en définitive, c'est à vous qu'incombe la responsabilité d'utiliser ces connaissances pour améliorer votre communication.

A. **Modalités prédominantes de la communication entre humains**

1. **Visuelle** - une personne visuelle tend à :

- concevoir ses idées à travers le processus de la visualisation
- transmettre ses idées grâce à l'utilisation de mots descriptifs

- s'exprimer en parlant rapidement
- se tenir le menton relevé
- avoir un visage très expressif
- regarder vers le haut en réfléchissant à ses réponses

2. **Auditive** - une personne auditive tend à :

- concevoir ses idées à travers le processus d'écoute
- transmettre ses idées grâce à l'utilisation de mots précis
- s'exprimer en parlant à une vitesse normale
- tenir sa tête droite
- présenter habituellement un visage calme
- regarder latéralement pour formuler ses réponses

3. **Kinésthésique** - une personne kinesthésique tend à :

- concevoir ses idées grâce aux mouvements de son corps
- exprimer ses idées essentiellement par des mots chargés d'émotion
- s'exprimer en parlant très lentement
- se tenir souvent la tête baissée
- montrer un visage extrêmement détendu
- baisser la tête pour réfléchir à ses réponses

Note: personne n'est entièrement l'une ou l'autre. Nous affichons tous certaines de ces caractéristiques, à un moment ou à un autre, selon les situations ou le contexte. Le point important dont nous devons nous souvenir c'est que chacun d'entre nous présente une tendance principale vers l'une des modalités.

B. **Les programmes opérationnels (Métaprogrammes en PNL)**

<u>Direction</u> : La tendance individuelle à s'éloigner ou à se rapprocher de quelque chose.

<u>Raison</u> : Un individu justifiera toujours ses actes en invoquant une situation de nécessité (il faut..) ou de possibilité (je veux…).

<u>Cadre de référence</u> : Les actes ou les sentiments d'un individu sont provoqués par la rétroaction fournie par les autres, ou fondés sur ses convictions personnelles.

<u>Conviction</u> : Soit une personne sera facile à convaincre ou alors, elle ne sera jamais convaincue. Différents degrés de preuves sont alors requises.

<u>Relation</u> : La façon d'interpréter (comparer et évaluer) notre environnement peut varier d'une similitude totale ou ressemblance entre les éléments qui le composent, à une différence totale ou dissemblance.

<u>Attention</u> : Dans le cadre de ses activités, un individu se concentre sur lui-même ou, au contraire, prête attention à ce que font les autres.

NOTE :
Il faut se rappeler qu'un individu est constitué de différentes parties qui peuvent s'adapter selon les circonstances. Bien sûr, en décelant ces diverses influences chez ceux avec lesquels nous travaillons, avec lesquels nous vivons et chez ceux que nous fréquentons, nous pourrons grandement accroître notre compréhension de leur comportement, et de ce fait, ajuster notre approche de communication afin de créer de meilleurs résultats.

C. Interaction entre deux personnes

Les priorités.
Pour assurer une communication précise et efficace, il est capital de suivre rigoureusement le processus suivant :

a) L'intention : que désire l'autre personne ?
b) Les critères : quels sont les éléments qui définissent cette intention ?
c) Le contenu: quels mots seront utilisés ?
d) Le processus : quels gestes seront associés à ce message ?

NOTE : La plupart du temps, les gens ont tendance à attacher trop d'importance au contenu (les mots) de la communication et à négliger les autres éléments qui la constituent.

Le niveau de confort.
Adopter une approche qui permet de placer les deux parties sur le même niveau de confort grâce aux gestes appropriés. On appelle cette technique, « miroiter l'autre ». Elle consiste à dupliquer les gestes de l'autre personne, avec un léger retard, afin d'envoyer un message subconscient au cerveau de cette personne. Et, sans s'en rendre compte, celle-ci ressent l'impression que son imitateur est, en quelque sorte, au même niveau de confort qu'elle est.

La responsabilité de l'échange.
Un bon communicateur prend, n'importe la circonstance, 100 % de la responsabilité de bien recevoir et bien comprendre les messages qu'il reçoit. En plus, il s'assure que l'autre personne a bien compris sa réponse en écoutant attentivement.

D. La Connexion corps-esprit :
La bonne compréhension du fait que le corps et l'esprit agissent à l'unisson nous aidera à accroître nos capacités mentales ou physiques lorsque nous aurons besoin de faire appel à la

performance optimale pour accomplir une tâche. La connexion corps-esprit est un concept régulièrement utilisé dans l'étude sur la relaxation réalisée par le cardiologue Herbert Benson, fondateur du Mind/Body Medical Institute à l'hôpital central de Boston, Massachusetts, États-Unis.

E. Les gestes qui aident à l'écoute efficace

L'écoute est l'un des éléments fondamentaux d'une communication efficace permettant d'atteindre la performance optimale. Il est donc important de vous familiariser avec des techniques qui peuvent vous procurer un atout majeur au cours de votre parcours en direction de l'excellence.

Les 6 attitudes suivantes peuvent considérablement faciliter votre capacité d'écoute. Ces informations sont inspirées d'un programme audio réalisé par Ron Meiss, intitulé *Effective Listening Skills* et publié par CareerTrack. Cette technique est destinée à améliorer vos capacités d'écoute et à faire de vous un meilleur communicateur. La recette peut être mémorisée en utilisant l'acronyme É C O U T E. Lorsque vous écoutez, pensez à ces gestes et vous augmenterez votre capacité d'**écoute efficace**.

 Recette pour une écoute efficace

É – **évoquer** chez soi une attitude d'écoute en se penchant vers l'autre. Il s'agit d'une façon très efficace d'envoyer un message au destinataire ainsi qu'à vous-même, montrant que vous êtes intéressé. Cela vous prédispose à être attentif aux paroles et aux gestes.

C – **connecter** par une posture faisant face. Lorsque vous vous adressez à quelqu'un, pensez-vous que cette personne soit attentive à vos propos si elle se détourne de vous ? Si cette personne persiste dans cette attitude, je suis certain que vous finirez par comprendre que votre effort de communication est vain. Donc, lorsque vous écoutez quelqu'un, assurez-vous de faire correctement face à cette personne.

O – **ouvrir** à la réception par le **sourire.** On dit que le sourire est le reflet du coeur. C'est le meilleur outil dont vous puissiez disposer pour montrer à votre interlocuteur que vous lui témoignez du respect et que vous êtes disposé à l'écouter. C'est également l'outil le plus puissant destiné à encourager les gens à s'ouvrir à vous et à entamer, avec vous, une franche conversation.

U – **utiliser** une distance appropriée, sans interférence (**territoire**). La qualité de la communication sera augmentée ou diminuée selon le degré de confort de la personne qui s'exprime. Si nous nous approchons trop près d'une personne étrangère, celle-ci sera probablement gênée par cette proximité et le message ne sera pas correctement reçu. Le même phénomène se produit également lorsque nous nous trouvons trop éloignés de la personne qui s'exprime. Dans ce cas, nous envoyons un message exprimant notre inconfort et, de ce fait, son efficacité sera réduite. Les distances requises varient selon le degré de familiarité avec la personne qui s'exprime. Lorsqu'il s'agit d'amis intimes, une distance d'environ 0,5 m est tout à fait normale. Lorsqu'il s'agit de simples relations, une distance d'environ 1 m et demi est suffisante. Dans le cas de rencontres professionnelles, une distance de 2 à 3 m est recommandée. Une rencontre avec des étrangers implique une distance supérieure.

T – **toucher** par le **contact** visuel. Étant donné l'importance des gestes dans le contexte de la communication, le fait de voir celui qui s'exprime contribuera grandement à clarifier le message. Normalement, un contact de visuel devrait être maintenu pendant au moins 60 % du temps. Outre la lecture du langage corporel par l'auditeur, le contact visuel crée également une sorte de relation avec l'orateur. Ce dernier reçoit un message destiné à lui faire comprendre que l'auditeur est intéressé par ce qu'il entend et qu'il souhaite comprendre ce qui lui est dit.

AïM, la Maîtrise de la vie

E – **employer** des gestes qui ne distraient pas mais plutôt expriment le désir d'écoute. Il est évident que si nous voulons être des auditeurs attentifs, nous éviterons de perturber la concentration de l'orateur. Jouer avec un stylo, remuer bruyamment des feuilles de papier, se gratter le visage, lever et baisser les yeux rapidement, sont autant de gestes distrayants qui perturberont un orateur. Notre objectif consiste à nous limiter à des gestes non perturbateurs si nous voulons renforcer notre message silencieux d'encouragement. L'un de ces gestes pourrait consister à hocher la tête de temps à autre pour exprimer notre accord ou notre compréhension.

Sommaire
Ces gestes sont destinés à nous aider à devenir plus efficaces dans le cadre de notre processus d'écoute. Comme toujours, cela peut nous sembler difficile au début. Mais, les récompenses que nous en tirerons sont très significatives. Apprendre à mieux comprendre les autres et à les aider à communiquer avec nous, peut contribuer grandement au succès de nos efforts.

Essayez d'utiliser certaines de ces techniques avec vos amis. Expliquez-leur que vous vous entraînez à une écoute efficace. Qu'ils vous donnent leur avis sur votre approche de cette technique. Ce sera peut-être difficile au début. Mais, ne désespérez pas ! La loi de l'entraînement stipule que si vous vous entraînez suffisamment longtemps, cela deviendra facile. Pensez à votre propre expérience. Il est fort probable que vous découvrirez en vous au moins une qualité que vous avez totalement maîtrisée, uniquement en la pratiquant et pas nécessairement parce que vous l'aimiez. Faites semblant de maîtriser cette qualité jusqu'à ce que vous y parveniez réellement ! Vous tirerez de grands bénéfices de votre maîtrise de la technique d'écoute.

ANNEXE 8

L'A-B-C de la maîtrise émotionnelle

Il est établi que notre capacité d'exécution est basée sur l'intelligence et les émotions. Les recherches ont montré qu'environ 20 % de nos résultats sont dus à notre QI (quotient d'intelligence) et 80 % à notre QE (quotient émotionnel). Ces caractéristiques nous permettent d'affronter les défis quotidiens de façon efficace ou, au contraire, nous font échouer dans nos tentatives.

Le concept de l'ABC fut élaboré par Albert Ellis, auteur du livre, « *The Guide to Rational Living* », en 1957. Ses travaux sont à l'origine de la science de la Thérapie Rationnelle-Émotive (TRÉ). La théorie d'Ellis explique que toutes nos crises émotionnelles se déroulent de la même façon et provoquent un résultat identique : une réaction physique visible à tous les stimuli. Un stimulus est constitué par tout événement, toute chose, toute parole, tout acte qui affecte nos cinq sens et provoque une réaction (cause à effet). La capacité à répondre de façon appropriée au stimulus concerné est appelée, «Réponse-habileté » (Stephen Covey – *Les 7 habitudes des gens qui réalisent tout ce qu'ils entreprennent).*

Le déroulement interne suit une séquence bien établie :

émotion ou sensation

A → **B** → **C** ↗ ↘

réaction physique

événement   « Belief »   Conséquences
Activant   Système de croyances

STIMULUS   **RÉPONSE**

Penser
Résolution de problème

De « très perturbé » à « raisonnablement perturbé »

Le coin de la réponse-habileté (responsabilité)

Nos sens sont frappés par un stimulus extérieur qui nous rend heureux, triste, en colère, frustré, déterminé…etc., enfin, tout sentiment provoqué par l'impact de ce stimulus. En conséquence, une réaction à ce stimulus se déclenche. Il est important de se rappeler que nous ne sommes que des êtres humains et que, de ce fait, nous réagissons toujours à un stimulus (notre système de croyances ou nos expériences passées interprètent chaque stimulus). Toutefois, le point essentiel, comme le souligne Ellis, consiste à réduire l'intensité de notre réponse à ce stimulus.

Tom Miller, dans son programme «*Self-Discipline and Emotional Control* », recommande de passer de l'état de « très perturbé » à celui de « raisonnablement perturbé », ce qui nous amène à une réponse (réaction) plus appropriée. Pour pouvoir créer une réponse appropriée, il faut prendre le temps de réfléchir (pouvoir créer un certain espace entre le stimulus et la réponse qui s'ensuit) et déterminer de façon rationnelle la gravité de l'événement considéré et son impact.

<u>Le processus de réflexion</u>
Afin de créer une capacité de réponse (réponse-habileté), Miller suggère d'utiliser 2 questions pertinentes :

1. Est-ce que ceci est vrai, réel, crée une différence, est important… ?
   Si **OUI** - passez à 2.   si **NON** - calmez-vous, passez à autre chose.

2. Est-ce que cela m'aide à atteindre mes objectifs ?
   Si **OUI** -déterminez très sérieusement l'action que vous allez entreprendre.
   Si **NON** -oubliez cela est passez à autre chose.

Lorsque vous aurez pris le temps de répondre à ces questions lors d'une situation émotionnellement chargée, vous parviendrez à la maîtrise de votre réaction instinctive. Vous apprendrez à injecter de l'Intelligence Émotionnelle dans vos actions. Vous vous approcherez encore davantage de la performance optimale.

ANNEXE 9

Modèle de prise de décision

Rang	Décision à prendre				
	Option 1	**OUI/ NON**		**Option 2**	**OUI/ NON**
obligatoire					
Désirs majeurs		Poids / Probabilité / Résultante			Poids / Probabilité / Résultante

AïM, la Maîtrise de la vie

Désirs moyens											
Désirs mineurs											
	SCORE TOTAL			SCORE TOTAL							

NOTES:

1. Une description claire et précise de la décision souhaitée représente la première priorité.
2. Les options 1, 2, 3... Représente les choix potentiels. Par exemple, dans le cas de l'acquisition d'un véhicule, les choix sont les suivants : Honda, Civic, Toyota Corolla, Hyundai Elantra.
3. La catégorie « obligatoires » représente un critère absolu. L'option considérée est inacceptable si la catégorie « obligatoires » tombe dans l'option «NON » (c'est-à-dire, le prix, le modèle, etc.)
4. On applique un jugement sur les critères de la façon suivante :

Poids = importance, sérieux, impact du critère (attribuer une note de 1 à 10, selon l'importance).
Probabilité= probabilité, applicabilité (attribuer une note de 1 à 10, selon l'importance).
Résultante = Poids X Probabilité.

Le total des résultantes le plus élevé détermine l'option qui sera choisie.

ANNEXE 10

Inventaire des succès de votre vie

Inventaire des succès de votre vie		
Noter vos accomplissements	Émotions personnelles / J'ai appris que...	Liste des impacts /Bénéfices

Suggestion:

Prenez le temps de réfléchir aux succès que vous avez obtenus dans votre vie, quel que soit le domaine considéré : famille, parents, communauté, sports, écoles, carrière professionnelle, relations, amitiés, projets spéciaux, réalisations financières, volontariat, postes de direction, aide aux plus défavorisés, distinctions et toutes autres réalisations dont vous êtes fiers. Faites-en la liste en première colonne. Puis, remplissez les deux colonnes suivantes. Vous prendrez rapidement conscience de vos points forts, ce qui vous permettra de déterminer quelle serait, pour vous, la profession idéale ou le domaine d'activité où vous pouvez exceller.

Raymond Perras est un coach professionnel certifié qui, depuis plus de 15 années, accompagne des individus et des organisations dans leur atteinte de la performance optimale, aussi bien dans le domaine des affaires que dans le domaine sportif.

Ingénieur de formation, il a dirigé de nombreux projets impliquant une grande variété de disciplines, de compétences et de spécialités. Il s'est impliqué depuis plus de 40 ans dans le domaine sportif, tant en qualité de joueur que de coach et, au cours des 20 dernières années, en qualité de coach en performance (préparation mentale) dans des équipes de hockey, de football et de divers autres sports, aussi bien dans les divisions mineures que professionnelles.

Nombre de ses clients sont parvenus au niveau de l'excellence dans leurs domaines respectifs grâce à un processus qu'il a élaboré et qui permet à quiconque l'utilise de parvenir à une nouvelle prise de conscience, à l'intérioriser, à l'intégrer ainsi qu'à la maîtriser de façon à en faire une seconde nature.

Dans ce livre, l'auteur vous offre le cadre, la technique et les méthodes d'entraînement qui vous aideront à intégrer un programme dans votre routine quotidienne dans le but de vous permettre d'atteindre des résultats uniformes, constants et répétés. Vous intégrerez la performance optimale au sein de votre vie en appliquant les éléments de sa définition : **la bonne chose, le bon dosage, au bon moment**[MC].

La vie lui ayant prouvé la véracité de l'expression « les gagnants agissent, les perdants subissent », Raymond a tracé une voie menant à la performance optimale qui vous donnera les outils afin de pouvoir influencer positivement vos résultats. Il se réjouit de partager avec vous une recette simple, qui demande quand même de travailler fort, mais qui vous mènera au succès grâce à la maîtrise de votre vie.

Raymond habite à Ottawa, Ontario, Canada. Son activité de coach en performance optimale assiste aussi bien des individus que des organisations professionnelles et sportives, au Canada et aux USA. Il poursuit ses recherches en vue d'accroître la qualité de la performance optimale grâce à son activité auprès des équipes sportives de l'université d'Ottawa et auprès de divers clients du monde professionnel à la recherche d'une amélioration de leurs résultats tout en réduisant leur stress.

Son prochain but consiste en la rédaction d'un livre qui fournira le coaching et les conseils destinés aux dirigeants chargés de créer un environnement propice à la performance optimale pour leurs équipes respectives.